宋 歐陽修 宋 祁 撰

新唐書

第五册

卷五〇至卷六〇（志）

中華書局

唐書卷五十

志第四十

兵

古之有天下國家者，其興亡治亂，未始不以德，而自戰國、秦、漢以來，鮮不以兵。夫兵豈非重事哉！然其因時制變，以苟利趨便，至於無所不爲，而考其法制，雖可用於一時，而不足施於後世者多矣，惟唐立府兵之制，頗有足稱焉。

蓋古者兵法起於井田，自周衰，王制壞而不復；至於府兵，始一寓之於農，其居處、教養、畜材、待事、動作、休息，皆有節目，雖不能盡合古法，蓋得其大意焉，此高祖、太宗之所以盛也。至其後世，子孫驕弱，不能謹守，屢變其制。夫置兵所以止亂，及其弊也，適足爲亂，又其甚也，至困天下以養亂，而遂至於亡焉。

蓋唐有天下二百餘年，而兵之大勢三變，其始盛時有府兵，府兵後廢而爲彍騎，彍騎又廢，而方鎮之兵盛矣。及其末也，彊臣悍將兵布天下，而天子亦自置兵於京師，曰禁軍。其後天子弱，方鎮彊，而唐遂以亡滅者，措置之勢使然也。若乃將卒、營陣、車旗、器械、征防、守衞，凡兵之事不可以悉記，記其廢置、得失、終始、治亂、興滅之迹，以爲後世戒云。

府兵之制，起自西魏、後周，而備於隋，唐興因之。隋制十二衞，曰翊衞，曰驍騎衞，曰武衞，曰屯衞，曰禦衞，曰候衞，爲左右，皆有將軍以分統諸府之兵。府有郎將、副郎將、坊主、團主，以相統治。又有驃騎、車騎二府，皆有將軍。後更驃騎曰鷹揚郎將，車騎曰副郎將。別置折衝、果毅。

自高祖初起，開大將軍府，以建成爲左領大都督，領左三軍，燉煌公爲右領大都督，領右三軍，元吉統中軍。發自太原，有兵三萬人。及諸起義以相屬與降羣盜，得兵二十萬。武德初，始置軍府，以驃騎、車騎兩將軍府領之。析關中爲十二道，曰：萬年道、長安道、富平道、醴泉道、同州道、華州道、寧州道、岐州道、豳州道、西麟州道、涇州道、宜州道，皆置府。三年，更以萬年道爲參旗軍，長安道爲鼓旗軍，富平道爲玄戈軍，醴泉道爲井鉞軍，同州道爲羽林軍，華州道爲騎官軍，寧州道爲折威軍，岐州道爲平道軍，豳州道爲招搖軍，西麟州道爲苑游軍，涇州道爲天紀軍，宜州道爲天節軍；軍置將、副各一人，以督耕戰，以車騎府統之。六年，以天下既定，遂廢十二軍，改驃騎曰統軍，車騎曰別將。居歲餘，十二軍復，而軍置將軍一人，軍有坊，置主一人，以檢察戶口，勸課農桑。

太宗貞觀十年，更號統軍爲折衝都尉，別將爲果毅都尉，諸府總曰折衝府。凡天下十道，置府六百三十四，皆有名號，而關內二百六十有一，皆以隸諸衞。凡府三等：兵千二百人爲上，千人爲中，八百人爲下。府置折衝都尉一人，左右果毅都尉各一人，長史、兵曹、別將各一人，校尉六人。士以三百人爲團，團有校尉；五十人爲隊，隊有正；十人爲火，火有長。火備六馱馬。凡火具烏布幕、鐵馬盂、布槽、鍤、钁、鑿、碓、筐、斧、鉗、鋸皆一，甲牀二，鎌二。隊具火鑽一，胸馬繩一，首羈、足絆皆三。人具弓一，矢三十，胡祿、橫刀、礪石、大觿、氈帽、氈裝、行縢皆一，麥飯九斗，米二斗，皆自備，并其介胄、戎具藏於庫。有所征行，則視其入而出給之。其番上宿衞者，惟給弓矢、橫刀而已。

凡民年二十爲兵，六十而免。其能騎而射者爲越騎，其餘爲步兵、武騎、排穳手、步射。

每歲季冬，折衝都尉率五校兵馬之在府者，置左右二校尉，位相距百步。每校爲步隊十，騎隊一，皆卷矟幡，展刀旗，散立以俟。角手吹大角一通，諸校皆斂人騎爲隊；二通，偃旗矟，解幡；三通，旗矟舉。左右校擊鼓，二校之人合譟而進。右校擊鉦，隊少卻，左校進逐至右校立所；左校擊鉦，少卻，右校進逐至左校立所；右校復擊鉦，隊還，左校復薄戰；

皆擊鉦，隊各還。大角復鳴一通，皆卷幡、攝矢、弛弓、匣刃；二通，旗䴙舉，隊皆進；三通，左右校皆引還。是日也，因縱獵，獲各入其人。

其隸於衞也，左、右衞皆領六十府，諸衞領五十至四十，其餘以隸東宮六率。

凡發府兵，皆下符契，州刺史與折衝勘契乃發。若全府發，則折衝都尉以下皆行；不盡，則果毅行；少則別將行。當給馬者，官予其直市之，每匹予錢二萬五千。刺史、折衝、果毅歲閱不任戰事者鬻之，以其錢更市，不足則一府共足之。

凡當宿衞者番上，兵部以遠近給番，五百里爲五番，千里七番，一千五百里八番，二千里十番，外爲十二番，皆一月上。若簡留直衞者，五百里爲七番，千里八番，二千里十番，外爲十二番，亦月上。

先天二年誥曰：「往者分建府衞，計戶充兵，裁足周事，二十一入募，六十一出軍，多憚勞以規避匿。今宜取年二十五以上，五十而免。屢征鎭者，十年免之。」雖有其言，而事不克行。玄宗開元六年，始詔折衝府兵每六歲一簡。自高宗、武后時，天下久不用兵，府兵之法寖壞，番役更代多不以時，衞士稍稍亡匿，至是益耗散，宿衞不能給。宰相張說乃請一切募士宿衞。十一年，取京兆、蒲、同、岐、華府兵及白丁，而益以潞州長從兵，共十二萬，號

「長從宿衞」，歲二番，命尚書左丞蕭嵩與州吏共選之。明年，更號曰「彍騎」。又詔：「諸州府馬闕，官私共補之。今兵貧難致，乃給以監牧馬。」然自是諸府士益多不補，折衝將又積歲不得遷，士人皆恥爲之。

十三年，始以彍騎分隸十二衞，總十二萬，爲六番，每衞萬人。京兆彍騎六萬六千，華州六千，同州九千，蒲州萬二千三百，絳州三千六百，晉州千五百，岐州六千，河南府三千，陝、虢、汝、鄭、懷、汴六州各六百，內弩手六千。其制：皆擇下戶白丁、宗丁、品子彊壯五尺七寸以上，不足則兼以戶八等五尺以上，皆免征鎮、賦役。爲四籍，兵部及州、縣、衞分掌之。十人爲火，五火爲團，皆有首長。又擇材勇者爲番頭，頗習弩射。又有羽林軍飛騎，亦習弩。凡伏遠弩自能施張，縱矢三百步，四發而二中；擘張弩二百三十步，四發而二中；角弓弩二百步，四發而三中；單弓弩百六十步，四發而二中：皆爲及第。諸軍皆近營爲堋，士有便習者，教試之，及第者有賞。

自天寶以後，彍騎之法又稍變廢，士皆失拊循。八載，折衝諸府至無兵可交，李林甫遂請停上下魚書。其後徒有兵額、官吏，而戎器、馱馬、鍋幕、糗糧幷廢矣。故時府人目番上宿衞者曰侍官，言侍衞天子；至是，衞佐悉以假人爲童奴，京師人恥之，至相罵辱必曰侍官。而六軍宿衞皆市人，富者販繒綵、食粱肉，壯者爲角觝、拔河、翹木、扛鐵之戲，及祿山反，皆不能受甲矣。

初，府兵之置，居無事時耕於野，其番上者，宿衛京師而已。若四方有事，則命將以出，事解輒罷，兵散于府，將歸于朝。故士不失業，而將帥無握兵之重，所以防微漸、絕禍亂之萌也。及府兵法壞而方鎮盛，武夫悍將雖無事時，據要險，專方面，既有其土地，又有其人民，又有其甲兵，又有其財賦，以布列天下。然則方鎮不得不彊，京師不得不弱，故曰措置之勢使然者，以此也。

夫所謂方鎮者，節度使之兵也。原其始，起於邊將之屯防者。唐初，兵之戍邊者，大曰軍，小曰守捉，曰城，曰鎮，而總之者曰道。若盧龍軍一，東軍等守捉十一，曰平盧道。橫海、北平、高陽、經略、安塞、納降、唐興、渤海、懷柔、威武、鎮遠、靜塞、雄武、鎮安、懷遠、保定軍十六，曰范陽道。天兵、大同、天安、橫野軍四，岢嵐等守捉五，曰河東道。朔方經略、豐安、定遠、新昌、天柱、宥州經略、橫塞、天德、天安軍九，三受降、豐寧、保寧、烏延等六城，新泉守捉一，曰關內道。赤水、大斗、白亭、豆盧、墨離、建康、寧寇、玉門、伊吾、天山軍十，烏城等守捉十四，曰河西道。瀚海、清海、靜塞軍三，沙鉢等守捉十，曰北庭道。保大軍一，鷹娑都督一，蘭城等守捉八，曰安西道。鎮西、天成、振威、安人、綏戎、河源、白水、天威、榆林、臨洮、莫門、神策、寧邊、威勝、金天、武寧、曜武、積石軍十八，平夷、綏和、合川守捉三，曰隴右道。威戎、安夷、昆明、寧遠、洪源、通化、松當、平戎、天保、威遠軍十，羊灌田等守捉十五，新安等城三十二，犍爲等鎮三十八，曰劍南道。嶺南、安南、桂管、邕管、容管經略、淸海軍六，曰嶺南道。福州經略軍一，曰江南道。平海軍一，東牟、東萊守捉二，蓬萊鎮一，曰河南道。此自武德至天寶以前邊防之制。

其軍、城、鎮、守捉皆有使，而道有大將一人，曰大總管，已而更曰大都督。至太宗時，行軍征討曰大總管，在其本道曰大都督。自高宗永徽以後，都督帶使持節者，始謂之節度使，然猶未以名官。景雲二年，以賀拔延嗣爲涼州都督、河西節度使。自此而後，接乎開元，朔方、隴右、河東、河西諸鎮，皆置節度使。

及范陽節度使安祿山反，犯京師，天子之兵弱不能抗，遂陷兩京。肅宗起靈武，而諸鎮之兵共起誅賊。其後祿山子慶緒及史思明父子繼起，中國大亂，肅宗命李光弼等討之，號「九節度之師」。久之，大盜旣滅，而武夫戰卒以功起行陣，列爲侯王者，皆除節度使。由是方鎮相望於內地，大者連州十餘，小者猶兼三四。故兵驕則逐帥，帥彊則叛上。或父死子握其兵而不肯代；或取捨由於士卒，往往自擇將吏，號爲「留後」，以邀命於朝。天子顧力不能制，則忍恥含垢，因而撫之，謂之姑息之政。蓋姑息起於兵驕，兵驕由於方鎮，姑息愈甚，而兵將愈俱驕。由是號令自出，以相侵擊，虜其將帥，幷其土地，天子熟視不知所爲，反爲和解之，莫肯聽命。

始時爲朝廷患者，號「河朔三鎭」。及其末，朱全忠以梁兵、李克用以晉兵更犯京師，而李茂貞、韓建近據岐、華，妄一喜怒，兵已至於國門，天子爲殺大臣、罪己悔過，然後去。及昭宗用崔胤召梁兵以誅宦官，劫天子奔岐，梁兵圍之逾年。當此之時，天下之兵無復勤王者。嚮之所謂三鎭者，徒能始禍而已。其他大鎭，南則吳、浙、荆、湖、閩、廣，西則岐、蜀，北則燕、晉，而梁盜據其中，自國門以外，皆分裂於方鎭矣。

故兵之始重於外也，土地、民賦非天子有；既其盛也，號令、征伐非其有；又其甚也，至無尺土，而不能庇其妻子宗族，遂以亡滅。語曰：「兵猶火也，弗戢將自焚。」夫惡危亂而欲安全者，庸君常主之能知，至於措置之失，則所謂困天下以養亂也。唐之置兵，既外柄以授人，而末大本小，方區區自爲捍衛之計，可不哀哉！

夫所謂天子禁軍者，南、北衙兵也。南衙，諸衞兵是也；北衙者，禁軍也。

初，高祖以義兵起太原，已定天下，悉罷遣歸，其願留宿衞者三萬人。高祖以渭北白渠旁民棄腴田分給之，號「元從禁軍」。後老不任事，以其子弟代，謂之「父子軍」。及貞觀初，太宗擇善射者百人，爲二番於北門長上，曰「百騎」，以從田獵。又置北衙七營，選材力驍壯，月以一營番上。十二年，始置左右屯營於玄武門，領以諸衞將軍，號「飛騎」。其法：取戶二等以上、長六尺闊壯者，試弓馬四次上、翹關舉五、負米五斛行三十步者。復擇馬射爲百騎，衣五色袍，乘六閑駁馬，虎皮韉，爲游幸翊衞。

高宗龍朔二年，始取府兵越騎、步射置左右羽林軍，大朝會則執仗以衞階陛，行幸則夾馳道爲內仗。武后改百騎曰「千騎」。中宗又改千騎曰「萬騎」〔一〕，分左、右營。及玄宗以萬騎平韋氏，改爲左右龍武軍，皆用唐元功臣子弟，制若宿衞兵。是時，良家子避征戍者，亦皆納資隸軍，分日更上如羽林。開元十二年，詔左右羽林軍、飛騎闕，取京旁州府士，以戶部印印其臂，爲二籍，羽林、兵部分掌之。末年，禁兵寖耗，及祿山反，天子西駕，禁軍從者裁千人，肅宗赴靈武，士不滿百，及卽位，稍復調補北軍。至德二載，置左右神武軍，補元從、扈從官子弟，不足則取它色，帶品者同四軍，亦曰「神武天騎」，制如羽林。總曰「北衙六軍」。又擇便騎射者置衙前射生手千人，亦曰「供奉射生官」，又曰「殿前射生」，分左、右廂，總號曰「左右英武軍」。乾元元年，李輔國用事，請選羽林騎士五百人徼巡。李揆曰：「漢以南、北軍相制，故周勃以北軍安劉氏。朝廷置南、北衙，文武區列，以相察伺。今用羽林代金吾警，忽有非常，何以制之？」遂罷。

上元中，以北衙軍使衞伯玉爲神策軍節度使，鎭陝州，中使魚朝恩爲觀軍容使，監其軍。初，哥舒翰破吐蕃臨洮西之磨環川，卽其地置神策軍，以成如璆爲軍使。及祿山反，如璆以伯玉將兵千人赴難，伯玉與朝恩皆屯于陝。時邊土陷蹙，神策故地淪沒，卽詔伯玉所部兵，號「神策軍」，以伯玉爲節度使，與陝州節度使郭英乂皆鎭陝。其後伯玉罷，以英乂兼神策軍節度。英乂入爲僕射，軍遂統於觀軍容使。

代宗卽位，以射生軍入禁中淸難，皆賜名「寶應功臣」，故射生軍又號「寶應軍」。廣德元年，代宗避吐蕃幸陝，朝恩舉在陝兵與神策軍迎扈，悉號「神策軍」。天子幸其營。及京師平，朝恩遂以軍歸禁中，自將之，然尚未與北軍齒也。永泰元年，吐蕃復入寇，朝恩又以神策軍屯苑中，自是寖盛，分爲左、右廂，勢居北軍右，遂爲天子禁軍，非它軍比。朝恩乃以觀軍容宣慰處置使知神策軍兵馬使。大曆四年，請以京兆之好畤，鳳翔之麟游、普潤，皆隸神策軍。明年，復以興平、武功、扶風、天興隸之，朝廷不能遏。又用愛將劉希暹爲神策虞候，主不法，遂置北軍獄，募坊市不逞，誣捕大姓，沒產爲賞，至有選舉旅寓而挾厚貲多橫死者。朝恩得罪死，以希暹代爲神策軍使。是歲，希暹復得罪，以朝恩舊校王駕鶴代將。十數歲，德宗卽位，以白志貞代之。是時，神策兵雖處內，而多以裨將將兵征伐，往往有功。

及李希烈反，河北盜且起，數出禁軍征伐，神策之士多鬬死者。建中四年下詔募兵，以志貞爲使，蒐補峻切。郭子儀之婿端王傅吳仲孺殖貲累巨萬，以國家有急不自安，請以子率奴馬從軍。德宗喜甚，爲官其子五品。志貞乃請節度、都團練、觀察使與世嘗任者家，皆出子弟馬奴裝鎧助征，授官如仲孺子。於是豪富者緣爲幸，而貧者苦之。神策兵既發殆盡，志貞陰以市人補之，名隸籍而身居市肆。及涇卒潰變，皆戢伏不出，帝遂出奔。初，殿秀實見禁兵寡弱，不足備非常，上疏曰：「天子萬乘，諸侯千，大夫百，蓋以大制小，十制一也，尊君卑臣彊幹弱支之道。今外有不廷之虜，內有梗命之臣，而禁兵不精，其數削少，後有猝故，何以待之？猛虎所以百獸畏者，爪牙也，爪牙廢，則孤豚特犬悉能爲敵。願少留意。」至是方以秀實言爲然。

及志貞等流貶，神策都虞候李晟與其軍之它將，皆自飛狐道西兵赴難，遂爲神策行營節度，屯渭北，軍遂振。貞元二年，改神策左右廂爲左右神策軍，特置監句當左右神策軍，以寵中官，而益置大將軍以下。又改殿前射生左右廂曰殿前左右射生軍，亦置大將軍以下。三年，詔射生、神策、六軍將士，府縣以事辦治，先奏乃移軍，勿輒逮捕。京兆尹鄭叔則建言：「京劇輕猾所聚，慝作不常，俟奏報，將失罪人，請非昏田，皆以時捕。」乃可之。俄改殿前左右射生軍曰左右神威軍，置監左右神威軍使。左右神策軍皆加將軍二員，左右龍武軍加將軍一員，以待諸道大將有功者。

自肅宗以後，北軍增置威武、長興等軍，名類頗多，而廢置不一。惟羽林、龍武、神武、神策、神威最盛，總曰左右十軍矣。其後京畿之西，多以神策軍鎮之，皆有屯營。軍司之人，散處甸內，皆恃勢凌暴，民間苦之。自德宗幸梁還，以神策兵有勞，皆號「興元元從奉天定難功臣」，恕死罪。中書、御史府、兵部乃不能歲比其籍，京兆又不敢總舉名實。三輔人假比於軍，一牒至十數。長安姦人多寓占兩軍，身不宿衞，以錢代行，謂之納課戶。益肆爲暴，吏稍禁之，輒先得罪，故當時京尹、赤令皆爲之斂屈。十年，京兆尹楊於陵請置挾名敕，五丁許二丁居軍，餘差以條限，繇是豪彊少畏。

十二年，以監句當左神策軍、左監門衞大將軍、知內侍省事竇文場爲左神策軍護軍中尉，監句當右神策軍、右監門衞將軍、知內侍省事霍仙鳴爲右神策軍護軍中尉，監右神威軍使、內侍兼內謁者監張尚進爲右神威軍中護軍，監左神威軍使、內侍兼內謁者監焦希望爲左神威軍中護軍。護軍中尉、中護軍皆古官，帝既以禁衞假宦官，又以此寵之。十四年，又詔左右神策置統軍，以崇親衞，如六軍。時邊兵衣饟多不贍，而戍卒屯防，藥茗蔬醬之給最厚。諸將務爲詭辭，請遙隸神策軍，稟賜遂贏舊三倍，繇是塞上往往稱神策行營，皆內統於中人矣，其軍乃至十五萬。故事，京城諸司、諸使、府、縣，皆季以御史巡囚。後以北軍地密，未嘗至。十九年，監察御史崔薳不知近事，遂入右神策，中尉奏之，帝怒，杖薳四十，流崖州。

順宗即位，王叔文用事，欲取神策兵柄，乃用故將范希朝爲左右神策、京西諸城鎭行營兵馬節度使，以奪宦者權而不克。元和二年，省神武軍〔二〕。明年，又廢左右神威軍，合爲一，曰「天威軍」。八年，廢天威軍，以其兵騎分隸左右神策軍。及僖宗幸蜀，田令孜募神策新軍爲五十四都，離爲十軍，令孜自爲左右神策十軍兼十二衞觀軍容使，以左右神策大將軍爲左右神策諸都指揮使，諸都又領以都將，亦曰「都頭」。

景福二年，昭宗以藩臣跋扈，天子孤弱，議以宗室典禁兵。及伐李茂貞，乃用嗣覃王允爲京西招討使，神策諸都指揮使李鐬副之，悉發五十四軍屯興平，已而兵自潰，茂貞逼京師，昭宗爲斬神策中尉西門重遂、李周諲，乃引去。乾寧元年，王行瑜、韓建及茂貞連兵犯闕，天子又殺宰相韋昭度、李磎，乃去。太原李克用以其兵伐行瑜等，同州節度使王行實入迫神策中尉駱全瓘、劉景宣請天子幸邠州，全瓘、景宣及子繼晟與行實縱火東市，帝御承天門，敕諸王率禁軍扞之。捧日都頭李筠以其軍衞樓下，茂貞將閻圭攻筠，矢及樓扉，帝乃與親王、公主幸筠軍，扈蹕都頭李君實亦以兵至，侍帝出幸莎城、石門。詔嗣薛王知柔入長安收禁軍、淸宮室，月餘乃還。又詔諸王閱親軍，收拾神策亡散，得數萬。益置安聖、捧宸、保寧、安化軍〔三〕，曰「殿後四軍」，嗣覃王允與嗣延王戒丕將之。三年，茂貞再犯闕，嗣覃王戰敗，昭宗幸華州。明年，韓建畏諸王有兵，請皆歸十六宅，留殿後兵三十人，爲控鶴排馬官，隸飛龍坊，餘悉散之，且列甲圍行宮，於是四軍二萬餘人皆罷。又請誅都頭李筠，帝恐，爲斬於大雲橋。俄遂殺十一王。

及還長安，左右神策軍復稍置之，以六千人爲定。是歲，左右神策中尉劉季述、王仲先以其兵千人廢帝，幽之。季述等誅。已而昭宗召朱全忠兵入誅宦官，宦官覺，劫天子幸鳳翔。全忠圍之歲餘，天子乃誅中尉韓全誨、張弘彥等二十餘人，以解梁兵，乃還長安。於是悉誅宦官，而神策左右軍繇此廢矣。諸司悉歸尚書省郎官，兩軍兵皆隸六軍，而以崔胤判六軍十二衞事。六軍者，左右龍武、神武、羽林，其名存而已。自是軍司以宰相領。

及全忠歸，留步騎萬人屯故兩軍，以子友倫爲左右軍宿衞都指揮使，禁衞皆汴卒。崔胤乃奏：「六軍名存而兵亡，非所以壯京師。軍皆置步軍四將，騎軍一將。步將皆兵二百五十人，騎將皆百人，總六千六百人。番上如故事。」乃令六軍諸衞副使京兆尹鄭元規立格募兵於市，而全忠陰以汴人應之。胤死，以宰相裴樞判左三軍，獨孤損判右三軍，向所募士悉散去。全忠亦兼判左右六軍十二衞。及東遷，唯小黃門打毬供奉十數人、內園小兒五百人從。至穀水，又盡屠之，易以汴人，於是天子無一人之衞。昭宗遇弑，唐乃亡。

馬者，兵之用也；監牧，所以蕃馬也，其制起於近世。唐之初起，得突厥馬二千匹，又得隋馬三千於赤岸澤，徙之隴右，監牧之制始於此。其官領以太僕；其屬有牧監、副監；監有丞，有主簿、直司、團官、牧尉、排馬、牧長、羣頭，有正，有副；凡羣置長一人，十五長置尉一人，歲課功，進排馬。又有掌閑，調馬習上。

又以尚乘掌天子之御。左右六閑：一曰飛黃，二曰吉良，三曰龍媒，四曰騊駼，五曰駃騠，六曰天苑。總十有二閑爲二廄，一曰祥麟，二曰鳳苑，以繫飼之。其後禁中又增置飛龍廄。

初，用太僕少卿張萬歲領羣牧。自貞觀至麟德四十年間，馬七十萬六千，置八坊岐、豳、涇、寧間，地廣千里，一曰保樂，二曰甘露，三曰南普閏，四曰北普閏，五曰岐陽，六曰太平，七曰宜祿，八曰安定。八坊之田，千二百三十頃，募民耕之，以給芻秣。八坊之馬爲四十八監，而馬多地狹不能容，又析八監列布河西豐曠之野〔四〕。凡馬五千爲上監，三千爲中監，餘爲下監。監皆有左、右，因地爲之名。方其時，天下以一縑易一馬。萬歲掌馬久，恩信行於隴右。

後以太僕少卿鮮于匡俗檢校隴右牧監。儀鳳中，以太僕少卿李思文檢校隴右諸牧監使，監牧有使自是始。後又有羣牧都使，有閑廄使，使皆置副，有判官。又立四使：南使十五，西使十六，北使七，東使九。諸坊若涇川、亭川、闕水、洛、赤城，南使統之；淸泉、溫泉，西使統之；烏氏，北使統之；木硤、萬福，東使統之。它皆失傳。其後益置八監於鹽州，三監於嵐州。鹽州使八，統白馬等坊；嵐州使三，統樓煩、玄池、天池之監。

凡征伐而發牧馬，先盡彊壯，不足則取其次。錄色、歲、膚第印記、主名送軍，以帳馱之，數上於省。

自萬歲失職，馬政頗廢，永隆中，夏州牧馬之死失者十八萬四千九百九十。景雲二年，詔羣牧歲出高品，御史按察之。開元初，國馬益耗，太常少卿姜晦乃請以空名告身市馬於六胡州，率三十匹讎一游擊將軍。命王毛仲領內外閑廄。九年又詔：「天下之有馬者，州縣皆先以郵遞軍旅之役，定戶復緣以升之。百姓畏苦，乃多不畜馬，故騎射之士減曩時。自今諸州民勿限有無蔭，能家畜十馬以上〔三〕，免帖驛郵遞征行，定戶無以馬爲貲。」毛仲既領閑廄，馬稍稍復，始二十四萬，至十三年乃四十三萬。其後突厥款塞，玄宗厚撫之，歲許朔方軍西受降城爲互市，以金帛市馬，於河東、朔方、隴右牧之。既雜胡種，馬乃益壯。

天寶後，諸軍戰馬動以萬計。王侯、將相、外戚牛駝羊馬之牧布諸道，百倍於縣官，皆以封邑號名爲印自別；將校亦備私馬。議謂秦、漢以來，唐馬最盛，天子又銳志武事，遂弱西北蕃。十一載，詔二京旁五百里勿置私牧。十三載，隴右羣牧都使奏：馬牛駝羊總六十萬五千六百，而馬三十二萬五千七百。

安祿山以內外閑廄都使兼知樓煩監，陰選勝甲馬歸范陽，故其兵力傾天下而卒反。肅宗收兵至彭原，率官吏馬抵平涼，蒐監牧及私羣，得馬數萬，軍遂振。至鳳翔，又詔公卿百寮以後乘助軍。其後邊無重兵，吐蕃乘隙陷隴右，苑牧畜馬皆沒矣。乾元後，回紇恃功，歲入馬取繒，馬皆病弱不可用。永泰元年，代宗欲親擊虜，魚朝恩乃請大搜城中百官、士庶馬輸官，曰「團練馬」。下制禁馬出城者，已而復罷。德宗建中元年，市關輔馬三萬實內廄。貞元三年，吐蕃、羌、渾犯塞，詔禁大馬出潼、蒲、武關者。元和十一年伐蔡，命中使以絹二萬市馬河曲。其始置四十八監也，據隴西、金城、平涼、天水，員廣千里，繇京度隴，置八坊爲會計都領，其間善水草腴田皆隸之。後監牧使與坊皆廢，故地存者一歸閑廄，旋以給貧民及軍吏，間又賜佛寺、道館幾千頃。十二年，閑廄使張茂宗舉故事，盡收岐陽坊地，民失業者甚衆。十三年，以蔡州牧地爲龍陂監。十四年，置臨漢監於襄州，牧馬三千二百，費田四百頃。穆宗卽位，岐人叩闕訟茂宗所奪田，事下御史按治，悉予民。

大和七年，度支鹽鐵使言：「銀州水甘草豐，請詔刺史劉源市馬三千，河西置銀川監，以源爲使。」襄陽節度使裴度奏停臨漢監。開成二年，劉源奏：「銀川馬已七千，若水草乏，則徙牧綏州境。今綏南二百里，四隅險絕，寇路不能通，以數十人守要，畜牧無它患。」乃以隸銀川監。

其後闕，不復可紀。

校勘記

〔一〕中宗又改千騎曰萬騎　「中宗」，各本原作「睿宗」，按本卷下文、本書卷五及舊書卷八玄宗紀、通鑑卷二〇九俱云玄宗以萬騎平韋氏，則改稱萬騎必在睿宗即位之前。又按通典卷二八、舊書卷四四職官志、通鑑卷二〇八，置萬騎乃中宗時事。據改。

〔二〕元和二年省神武軍　唐書兵志箋正卷三略云：「按此事不見他書。肅宗以後以羽林、龍武、神武爲六軍，若廢神武則但有四軍，而元和以後，每有赦書、德音，無不六軍並稱，若廢神武而以他軍補，則亦未見記載。蓋是廢英武之誤。」

〔三〕安化軍　本書卷八二十一宗諸子傳同。舊書卷二〇上昭宗紀、通鑑卷二六〇「安」作「宣」。唐書兵志箋正卷三疑作「安」誤。

〔四〕又析八監列布河西豐曠之野　「河西」，文苑英華卷八六九張說隴右監牧頌德碑及通典卷二五均作「河曲」。

〔五〕能家畜十馬以上　「上」，各本原作「下」，據冊府卷六二一、全唐文卷二八禁差民馬詔改。

唐書卷五十一

志第四十一

食貨一

古之善治其國而愛養斯民者，必立經常簡易之法，使上愛物以養其下，下勉力以事其上，上足而下不困。故量人之力而授之田，量地之產而取以給公上，量其入而出之以爲用度之數。是三者常相須以濟而不可失，失其一則不能守其二。及暴君庸主，縱其佚欲，而苟且之吏從之，變制合時以取寵於其上。故用於上者無節，而取於下者無限，民竭其力而不能供，由是上愈不足而下愈困，則財利之說興，而聚斂之臣用。記曰：「寧畜盜臣。」盜臣誠可惡，然一人之害爾。聚斂之臣用，則經常之法壞，而下不勝其弊焉。

唐之始時，授人以口分、世業田，而取之以租、庸、調之法，其用之也有節。蓋其畜兵以府衞之制，故兵雖多而無所損；設官有常員之數，故官不濫而易祿。雖不及三代之盛時，然亦可以爲經常之法也。及其弊也，兵冗官濫，爲之大蠹。自天寶以來，大盜屢起，方鎭數叛，兵革之興，累世不息，而用度之數，不能節矣。加以驕君昏主，姦吏邪臣，取濟一時，屢更其制，而經常之法，蕩然盡矣。由是財利之說興，聚斂之臣進。蓋口分、世業之田壞而爲兼并，租、庸、調之法壞而爲兩稅。至於鹽鐵、轉運、屯田、和糴、鑄錢、括苗、榷利、借商、進奉、獻助，無所不爲矣。蓋愈煩而愈弊，以至於亡焉。

唐制：度田以步，其闊一步，其長二百四十步爲畝，百畝爲頃。凡民始生爲黃，四歲爲小，十六爲中，二十一爲丁，六十爲老。授田之制，丁及男年十八以上者，人一頃，其八十畝爲口分，二十畝爲永業；老及篤疾、廢疾者，人四十畝，寡妻妾三十畝，當戶者增二十畝，皆以二十畝爲永業，其餘爲口分。永業之田，樹以榆、棗、桑及所宜之木，皆有數。田多可以足其人者爲寬鄉，少者爲狹鄉。狹鄉授田，減寬鄉之半。其地有薄厚，歲一易者，倍授之。寬鄉三易者，不倍授。工商者，寬鄉減半，狹鄉不給。凡庶人徙鄉及貧無以葬者，得賣世業田。自狹鄉而徙寬鄉者，得并賣口分田。已賣者，不復授。死者收之，以授無田者。凡收授皆以歲十月。授田先貧及有課役者。凡田，鄉有餘以給比鄉，縣有餘以給比縣，州有餘以給近州。

凡授田者，丁歲輸粟二斛，稻三斛，謂之租。丁隨鄉所出，歲輸絹二匹，綾、絁二丈，布加五之一，綿三兩，麻三斤，非蠶鄉則輸銀十四兩，謂之調。用人之力，歲二十日，閏加二日，不役者日爲絹三尺，謂之庸。有事而加役二十五日者免調，三十日者租、調皆免。通正役不過五十日。

自王公以下，皆有永業田。太皇太后、皇太后、皇后緦麻以上親，內命婦一品以上親，郡王及五品以上祖父兄弟，職事、勳官三品以上有封者若縣男父子，國子、太學、四門學生、俊士，孝子、順孫、義夫、節婦同籍者，皆免課役。凡主戶內有課口者爲課戶。若老及男廢疾、篤疾、寡妻妾、部曲、客女、奴婢及視九品以上官，不課。

凡里有手實，歲終具民之年與地之闊陿，爲鄉帳。鄉成於縣，縣成於州，州成於戶部。又有計帳，具來歲課役以報度支。國有所須，先奏而斂。凡稅斂之數，書于縣門、村坊，與衆知之。水、旱、霜、蝗耗十四者，免其租；桑麻盡者，免其調；田耗十之六者，免租調；耗七者，課役皆免〔一〕。凡新附之戶，春以三月免役，夏以六月免課，秋以九月課役皆免。徙寬鄉者，縣覆於州，出境則覆于戶部，官以閑月達之。自畿內徙畿外，自京縣徙餘縣，皆有禁。四夷降戶，附以寬鄉，給復十年。奴婢縱爲良人，給復三年。沒外蕃人，一年還者給復三年，二年者給復四年，三年者給復五年。浮民、部曲、客女、奴婢縱爲良者附寬鄉。

貞觀中，初稅草以給諸閑，而驛馬有牧田。

太宗方銳意於治，官吏考課，以鰥寡少者進考，如增戶法；失勸導者以減戶論。配租以斂穫早晚、險易、遠近爲差。庸、調輸以八月，發以九月。同時輸者先遠民。皆自槩量。州府歲市土所出爲貢，其價視絹之上下，無過五十匹。異物、滋味、口馬、鷹犬，非有詔不獻。有加配，則以代租賦。

其凶荒則有社倉賑給，不足則徙民就食諸州。尚書左丞戴胄建議：「自王公以下，計墾田，秋熟所在爲義倉，歲凶以給民。」太宗善之，乃詔：「畝稅二升，粟、麥、秔、稻，隨土地所宜。寬鄉斂以所種，狹鄉據青苗簿而督之。田耗十四者免其半，耗十七者皆免之。商賈無田者，以其戶爲九等，出粟自五石至于五斗爲差。下下戶及夷獠不取焉。歲不登，則以賑民；或貸爲種子，則至秋而償。」其後洛、相、幽、徐、齊、幷、秦、蒲州又置常平倉，粟藏九年，米藏五年，下溼之地，粟藏五年，米藏三年，皆著于令。

貞觀初，戶不及三百萬，絹一匹易米一斗。至四年，米斗四五錢，外戶不閉者數月，馬牛被野，人行數千里不齎糧，民物蕃息，四夷降附者百二十萬人。是歲，天下斷獄，死罪者二十九人，號稱太平。此高祖、太宗致治之大略，及其成效如此。

高宗承之，海內艾安。太尉長孫无忌等輔政，天下未見失德。數引刺史入閤，問民疾苦。卽位之歲，增戶十五萬。及中書令李義府、侍中許敬宗既用事，役費並起。永淳以後，給用益不足。加以武后之亂，紀綱大壞，民不勝其毒。

玄宗初立求治，蠲徭役者給蠲符，以流外及九品京官爲蠲使，歲再遣之。開元八年，頒庸調法于天下，好不過精，惡不至濫，闊者一尺八寸，長者四丈。然是時天下戶未嘗升降。監察御史宇文融獻策：括籍外羡田、逃戶，自占者給復五年，每丁稅錢千五百，以攝御史分行括實。陽翟尉皇甫憬上書言其不可。玄宗方任用融，乃貶憬爲盈川尉。諸道所括得客戶八十餘萬，田亦稱是。州縣希旨張虛數，以正田爲羡，編戶爲客，歲終，籍錢數百萬緡。

十六年，乃詔每三歲以九等定籍。而庸調折租所取華好，州縣長官勸織，中書門下察濫惡以貶官吏，精者褒賞之。二十二年，詔男十五女十三以上得嫁娶。州縣歲上戶口登耗，採訪使覆實之，刺史、縣令以爲課最。

初，永徽中禁買賣世業、口分田。其後豪富兼幷，貧者失業，於是詔買者還地而罰之。

先是楊州租、調以錢，嶺南以米，安南以絲，益州以羅、紬、綾、絹供春綵。因詔江南亦以布代租。

中書令李林甫以租庸、丁防、和糴、春綵、稅草無定法，歲爲旨符，遣使一告，費紙五十餘萬。條目旣多，覆問踰年，乃與採訪朝集使議革之，爲長行旨，以授朝集使及送旨符使，歲有所支，進畫附驛以達，每州不過二紙。

凡庸、調、租、資課，皆任土所宜，州縣長官涖定粗良，具上中下三物之樣輸京都。有濫惡，督中物之直。二十五年，以江、淮輸運有河、洛之艱，而關中蠶桑少，菽粟常賤，乃命庸、調、資課皆以米，凶年樂輸布絹者亦從之。河南、北不通運州，租皆爲絹，代關中庸、課〔三〕，詔度支減轉運。

明年，又詔民三歲以下爲黃，十五以下爲小，二十以下爲中。又以民間戶高丁多者，率與父母別籍異居，以避征戍，乃詔十丁以上免二丁，五丁以上免一丁，侍丁孝者免徭役。天寶三載，更民十八以上爲中男，二十三以上成丁。五載，詔貧不能自濟者，每鄉免三十丁租庸。男子七十五以上、婦人七十以上，中男一人爲侍；八十以上以令式從事。

是時，海內富實，米斗之價錢十三，青、齊間斗纔三錢，絹一匹錢二百。道路列肆，具酒食以待行人，店有驛驢，行千里不持尺兵。天下歲入之物，租錢二百餘萬緡，粟千九百八十餘萬斛，庸、調絹七百四十萬匹，綿百八十餘萬屯，布千三十五萬餘端。天子驕於佚樂而用不知節，大抵用物之數，常過其所入。於是錢穀之臣，始事朘刻。太府卿楊崇禮句剝分銖，有欠折漬損者，州縣督送，歷年不止。其子愼矜專知太府，次子愼名知京倉，亦以苛刻結主恩。王鉷爲戶口色役使，歲進錢百億萬緡，非租庸正額者，積百寶大盈庫，以供天子燕私。

及安祿山反，司空楊國忠以爲正庫物不可以給士，遣侍御史崔衆至太原納錢度僧尼道士，旬日得百萬緡而已。自兩京陷沒，民物耗弊，天下蕭然。

肅宗即位，遣御史鄭叔淸等籍江淮、蜀漢富商右族訾畜，十收其二，謂之率貸。諸道亦稅商賈以贍軍，錢一千者有稅。於是北海郡錄事參軍第五琦以錢穀得見，請於江淮置租庸使，吳鹽、蜀麻、銅冶皆有稅，市輕貨繇江陵、襄陽、上津路，轉至鳳翔。明年，鄭叔淸與宰相裴冕建議，以天下用度不充，諸道得召人納錢，給空名告身，授官勳邑號；度道士僧尼不可勝計；納錢百千，賜明經出身；商賈助軍者，給復。及兩京平，又於關輔諸州，納錢度道士僧尼萬人。而百姓殘於兵盜，米斗至錢七千，鬻粃爲糧，民行乞食者屬路。乃詔能賑貧乏者，寵以爵秩。

故事，天下財賦歸左藏，而太府以時上其數，尙書比部覆其出入。是時，京師豪將假取不能禁，第五琦爲度支鹽鐵使，請皆歸大盈庫，供天子給賜，主以中官。自是天下之財爲人君私藏，有司不得程其多少。

廣德元年，詔一戶三丁者免一丁，凡畝稅二升，男子二十五爲成丁，五十五爲老，以優民。而彊寇未夷，民耗斂重。及吐蕃逼京師，近甸屯兵數萬，百官進俸錢，又率戶以給軍糧。

至大曆元年，詔流民還者，給復二年〔三〕，田園盡，則授以逃田。天下苗一畝稅錢十五，市輕貨給百官手力課。以國用急，不及秋，方苗青即征之，號「青苗錢」。又有「地頭錢」，每畝二十，通名爲青苗錢。又詔上都秋稅分二等，上等畝稅一斗，下等六升，荒田畝稅二升。五年，始定法：夏，上田畝稅六升，下田畝四升；秋，上田畝稅五升，下田畝三升；荒田如故；青苗錢畝加一倍，而地頭錢不在焉。

初，轉運使掌外，度支使掌內。永泰二年，分天下財賦、鑄錢、常平、轉運、鹽鐵，置二使。東都畿內、河南、淮南、江東西、湖南、荆南、山南東道，以轉運使劉晏領之；京畿、關內、河東〔四〕、劍南、山南西道，以京兆尹、判度支第五琦領之。及琦貶，以戶部侍郎、判度支韓滉與晏分治。

時回紇有助收西京功，代宗厚遇之，與中國婚姻，歲送馬十萬匹，酬以縑帛百餘萬匹。而中國財力屈竭，歲負馬價。河、湟六鎭既陷，歲發防秋兵三萬戍京西，資糧百五十餘萬緡。而中官魚朝恩方恃恩擅權，代宗與宰相元載日夜圖之。及朝恩誅，帝復與載貳，君臣猜間不協，邊計兵食，置而不議者幾十年。而諸鎭擅地，結爲表裏，日治兵繕壘，天子不能繩以法，顓留意祠禱，焚幣玉、寫浮屠書，度支稟賜僧巫，歲以鉅萬計。然帝性儉約，身所御衣，必浣染至再三，欲以先天下。然生日、端午，四方貢獻至數千萬者，加以恩澤，而諸道尙侈麗以自媚。朝多留事，經歲不能遣，置客省以居，上封事不足采者、蕃夷貢獻未報及失職未敍者，食度支數千百人。德宗即位，用宰相崔祐甫，拘客省者出之，食度支者遣之，歲省費萬計。

校勘記

〔一〕耗七者課役皆免　「課」，各本原作「諸」。舊書卷四八食貨志、唐會要卷八三及冊府卷四八七俱作「損七已上，課役俱免」。據改。

〔二〕代關中庸課　「庸」，舊書卷四八食貨志、唐會要卷八三及冊府卷四八七均作「調」。

〔三〕詔流民還者給復二年　「二」，本書卷六代宗紀、冊府卷四八七均作「三」。

〔四〕河東　「東」，各本原作「南」。按本卷上文，劉晏已領「河南」。查舊書卷四九食貨志、唐會要卷八八及通鑑卷二二四，第五琦所領有河東，無河南，明「南」爲「東」之訛。據改。

唐書卷五十二

志第四十二

食貨二

租庸調之法，以人丁爲本。自開元以後，天下戶籍久不更造，丁口轉死，田畝賣易，貧富升降不實。其後國家侈費無節，而大盜起，兵興，財用益屈，而租庸調法弊壞。

自代宗時，始以畝定稅，而斂以夏秋。至德宗相楊炎，遂作兩稅法，夏輸無過六月，秋輸無過十一月。置兩稅使以總之，量出制入。戶無主、客，以居者爲簿；人無丁、中，以貧富爲差。商賈稅三十之一，與居者均役。田稅視大曆十四年墾田之數爲定。遣黜陟使按比諸道丁產等級，免鰥寡惸獨不濟者。敢有加斂，以枉法論。議者以租、庸、調，高祖、太宗之法也，不可輕改。而德宗方信用炎，不疑也。舊戶三百八十萬五千；使者按比得主戶三百八十萬，客戶三十萬。天下之民，不土斷而地著，不更版籍而得其虛實。歲斂錢二千五十餘萬緡，米四百萬斛，以供外；錢九百五十餘萬緡，米千六百餘萬斛，以供京師。

稅法既行，民力未及寬，而朱滔、王武俊、田悅合從而叛，用益不給，而借商之令出。初，太常博士韋都賓、陳京請借富商錢，德宗以問度支杜佑，以爲軍費裁支數月，幸得商錢五百萬緡，可支半歲。乃以戶部侍郎趙贊判度支，代佑行借錢令，約罷兵乃償之。京兆少尹韋楨、長安丞薛萃，搜督甚峻，民有不勝其冤自經者，家若被盜。然總京師豪人田宅、奴婢之估，裁得八十萬緡。又取僦櫃納質錢及粟麥糶於市者，四取其一，長安爲罷市，市民相率遮邀宰相哭訴，盧杞疾驅而過。韋楨懼，乃請錢不及百緡、粟麥不及五十斛者免，而所獲裁二百萬緡。淮南節度使陳少游增其本道稅錢，每緡二百，因詔天下皆增之。

自太宗時置義倉及常平倉以備凶荒，高宗以後，稍假義倉以給他費，至神龍中略盡。玄宗即位，復置之。其後第五琦請天下常平倉皆置庫，以畜本錢。至是趙贊又言：「自軍興，常平倉廢垂三十年，凶荒潰散，餧死相食，不可勝紀。陛下即位，京城兩市置常平官，雖頻年少雨，米不騰貴，可推而廣之，宜兼儲布帛。請於兩都、江陵、成都、揚、汴、蘇、洪置常平輕重本錢，上至百萬緡，下至十萬，積米、粟、布、帛、絲、麻，貴則下價而出之，賤則加估而收之。諸道津會置吏，閱商賈錢，每緡稅二十，竹、木、茶、漆稅十之一，以贍常平本錢。」德宗納其策。屬軍用迫蹙，亦隨而耗竭，不能備常平之積。

是時，諸道討賊，兵在外者，度支給出界糧。每軍以臺省官一人爲糧料使，主供億。士卒出境，則給酒肉。一卒出境，兼三人之費。將士利之，逾境而屯。

趙贊復請稅間架，算除陌。其法：屋二架爲間，上間錢二千，中間一千，下間五百；匿一間，杖六十，告者賞錢五萬。除陌法：公私貿易，千錢舊算二十，加爲五十；物兩相易者，約直爲率。而民益愁怨。及涇原兵反，大譟長安市中曰：「不奪爾商戶僦質，不稅爾間架、除陌矣。」於是間架、除陌、竹、木、茶、漆、鐵之稅皆罷。

朱泚平，天下戶口三耗其二。貞元四年，詔天下兩稅審等第高下，三年一定戶。自初定兩稅，貨重錢輕，乃計錢而輸綾絹。既而物價愈下，所納愈多，絹匹爲錢三千二百，其後一匹爲錢一千六百，輸一者過二，雖賦不增舊，而民愈困矣。度支以稅物頒諸司，皆增本價爲虛估給之，而繆以濫惡督州縣剝價，謂之折納。復有「進奉」、「宣索」之名，改科役曰「召雇」，率配曰「和市」，以巧避微文，比大曆之數再倍。又癘疫水旱，戶口減耗，刺史析戶，張虛數以寬責。逃死闕稅，取於居者，一室空而四鄰亦盡。戶版不緝，無浮游之禁，州縣行小惠以傾誘鄰境，新收者優假之，唯安居不遷之民，賦役日重。帝以問宰相陸贄，贄上疏請釐革其甚害者，大略有六：其一曰：

國家賦役之法，曰租、曰調、曰庸。其取法遠，其斂財均，其域人固。有田則有租，有家則有調，有身則有庸，天下法制均壹，雖轉徙莫容其姦，故人無搖心。天寶之季，海內波蕩，版圖墮於避地，賦法壞於奉軍。賦役舊法，行之百年，人以爲便。兵興，供億不常，誅求隳制，此時弊，非法弊也。時有弊而未理，法無弊而已更。兩稅新制，竭耗編甿，日日滋甚。陛下初即位，宜損上益下，嗇用節財，而摘郡邑，驗簿書，州取大曆中一年科率多者爲兩稅定法，此總無名之暴賦而立常規也。夫財之所生，必因人力。兩稅以資產爲宗，不以丁身爲本，資產少者稅輕，多者稅重。不知有藏於襟懷囊篋，物貴而人莫窺者；有場圃、囷倉，直輕而衆以爲富者；有流通蕃息之貨，數寡而日收其贏者；有廬舍器用，價高而終歲利寡者。計估算緡，失平長僞，挾輕費轉徙者脫徭稅，敦本業者困斂求。此誘之爲姦，敺之避役也。今徭賦輕重相百，而以舊爲準，重處流亡益多，輕處歸附益衆。有流亡則攤出，已重者愈重；有歸附則散出，已輕者愈輕。人嬰其弊。願詔有司與宰相量年支，有不急者罷之，廣費者節之。軍興加稅，諸道權宜所增，皆可停。稅物估價，宜視月平，至京與色樣符者，不得虛稱折估。有濫惡，罪官吏，勿督百姓。每道以知兩稅判官一人與度支參計戶數，量土地沃瘠、物產多少爲二等，州等下者配錢少，高者配錢多。不變法而逋逃漸息矣。

其二曰：

播殖非力不成，故先王定賦以布、麻、繒、纊、百穀，勉人功也。又懼物失貴賤之平，交易難準，乃定貨泉以節輕重。蓋爲國之利權，守之在官，不以任下。然則穀帛，人所爲也；錢貨，官所爲也。人所爲者，租稅取焉；官所爲者，賦斂捨焉。國朝著令，租出穀〔一〕，庸出絹，調出繒、纊、布、麻，曷嘗禁人鑄錢而以錢爲賦？今兩稅効算緡之末法，估資產爲差，以錢穀定稅，折供雜物，歲目頗殊。所供非所業，所業非所供，增價以市所無，減價以貿所有，耕織之力有限，而物價貴賤無常。初定兩稅，萬錢爲絹三匹，價貴而數不多。及給軍裝，計數不計價，此稅少國用不充也。近者萬錢爲絹六匹，價賤而數加。計口蠶織不殊，而所輸倍，此供稅多人力不給也。宜令有司覆初定兩稅之歲絹、布定估，爲布帛之數，復庸、調舊制，隨土所宜，各脩家技。物甚賤，所出不加；物甚貴，所入不減。且經費所資，在錢者獨月俸、資課，以錢數多少給布，廣鑄而禁用銅器，則錢不乏。有糴鹽以入直〔二〕，榷酒以納資，何慮無所給哉！

其三曰：

廉使奏吏之能者有四科，一曰戶口增加，二曰田野墾闢，三曰稅錢長數，四曰率辦先期。夫貴戶口增加，詭情以誘姦浮，苛法以析親族，所誘者將議薄征則遽散，所析者不勝重稅而亡，有州縣破傷之病。貴田野墾闢，率民殖荒田，限年免租，新畝雖闢，舊畬蕪矣。人以免租年滿，復爲汚萊，有稼穡不增之病。貴稅錢長數，重困疲羸，捶骨瀝髓，苟媚聚斂之司，有不恤人之病。貴率辦先期，作威殘人，絲不容織，粟不暇舂，貧者奔迸，有不恕物之病。四病繇考覈不切事情之過。驗之以實，則租賦所加，固有受其損者，此州若增客戶，彼郡必減居人。增處邀賞而稅數加，減處懼罪而稅數不降。國家設考課之法，非欲崇聚斂也。宜命有司詳考課績，州稅有定，傜役有等，覆實然後報戶部。若人益阜實，稅額有餘，據戶均減十三爲上課，減二次之，減一又次之。若流亡多，加稅見戶者，殿亦如之。民納租以去歲輸數爲常，罷據額所率者。增闢勿益租，廢耕不降數。定戶之際，視雜產以校之。田既有常租，則不宜復入兩稅。如此，不督課而人人樂耕矣。

其四曰：

明君不厚所資而害所養，故先人事而借其暇力，家給然後斂餘財。今督收迫促，蠶事方興而輸縑，農功未艾而斂穀。有者急賣而耗半直，無者求假費倍。定兩稅之初，期約未詳，屬征役多故，率先限以收。宜定稅期，隨風俗時候，務於紓人。

其五曰：

頃師旅亟興，官司所儲，唯給軍食，凶荒不遑賑救。人小乏則取息利，大乏則鬻田廬。斂穫始畢，執契行貸，饑歲室家相棄，乞爲奴僕，猶莫之售，或縊死道途。天災流行，四方代有。稅茶錢積戶部者，宜計諸道戶口均之。穀麥熟則平糴，亦以義倉爲名，主以巡院。時稔傷農，則優價廣糴，穀貴而止；小歉則借貸。循環斂散，使聚穀幸災者無以牟大利。

其六曰：

古者百畝地號一夫，蓋一夫授田不得過百畝，欲使人不廢業，田無曠耕。今富者萬畝，貧者無容足之居，依託彊家，爲其私屬，終歲服勞，常患不充。有田之家坐食租稅，京畿田畝稅五升，而私家收租畝一石，官取一，私取十，稼者安得足食？宜爲占田條限，裁租價，損有餘，優不足，此安富恤窮之善經，不可捨也。

贄言雖切，以讒逐，事無施行者。

十二年，河南尹齊抗復論其弊，以爲：「軍興，國用稍廣，隨要而稅，吏擾人勞。陛下變爲兩稅，督納有時，貪暴無容其姦。二十年間，府庫充牣。但定稅之初，錢輕貨重，故陛下以錢爲稅。今錢重貨輕，若更爲稅名，以就其輕，其利有六：吏絕其姦，一也；人用不擾，二也；靜而獲利，三也；用不乏錢，四也；不勞而易知，五也；農桑自勸，六也。百姓本出布帛，而稅反配錢，至輸時復取布帛，更爲三估計折，州縣升降成姦。若直定布帛，無估可折。蓋以錢爲稅，則人力竭而有司不之覺。今兩稅出於農人，農人所有，唯布帛而已。用布帛處多，用錢處少，又有鼓鑄以助國計，何必取於農人哉？」疏入，亦不報。

初，德宗居奉天，儲畜空窘，嘗遣卒視賊，以苦寒乞襦袴，帝不能致，剔親王帶金而鬻之。朱泚既平，於是帝屬意聚斂，常賦之外，進奉不息。劍南西川節度使韋皋有「日進」，江西觀察使李兼有「月進」，淮南節度使杜亞、宣歙觀察使劉贊、鎭海節度使王緯李錡皆徼射恩澤，以常賦入貢，名爲「羨餘」。至代易又有「進奉」。當是時，戶部錢物，所在州府及巡院皆得擅留，或矯密旨加斂，謫官吏、刻祿稟，增稅通津、死人及蔬果。凡代易進奉，取於稅入，十獻二三，無敢問者。常州刺史裴肅鬻薪炭案紙爲進奉，得遷浙東觀察使。刺史進奉，自肅始也。劉贊卒于宣州，其判官嚴綬傾軍府爲進奉，召爲刑部員外郎。判官進奉，自綬始也。自裴延齡用事，益爲天子積私財，而生民重困。延齡死，而人相賀。

是時，宮中取物於市，以中官爲宮市使。兩市置「白望」數十百人，以鹽估敝衣、絹帛，尺寸分裂酬其直。又索進奉門戶及脚價錢，有齎物入市而空歸者。每中官出，沽漿賣餅之家皆徹肆塞門。諫官御史數上疏諫，不聽，人不堪其弊。戶部侍郎蘇弁言：「京師游手數千萬家，無生業者仰宮市以活，奈何罷？」帝悅，以爲然。京兆尹韋湊奏：「小人因宮市爲姦，眞僞難辨，宜下府縣供送。」帝許之。中官言百姓賴宮市以養者也，湊反得罪。

順宗卽位，乃罷宮市使及鹽鐵使月進。憲宗又罷除官受代進奉及諸道兩稅外榷率；分天下之賦以爲三，一曰上供，二曰送使，三曰留州。宰相裴垍又令諸道節度、觀察調費取於所治州，不足則取於屬州，而屬州送使之餘與其上供者，皆輸度支。

是時，因德宗府庫之積，頗約費用，天子身服澣濯。及劉闢、李錡旣平，訾藏皆入內庫。山南東道節度使于頔、河東節度使王鍔進獻甚厚，翰林學士李絳嘗諫曰：「方鎭進獻，因緣爲姦，以侵百姓，非聖政所宜。」帝喟然曰：「誠知非至德事，然兩河中夏貢賦之地，朝覲久廢，河、湟陷沒，烽候列於郊甸。方刷祖宗之恥，不忍重斂於人也。」然獨不知進獻之取於人者重矣。

及討淮西，判度支楊於陵坐饋餫不繼貶，以司農卿皇甫鏄代之，由是益爲刻剝。司農卿王遂、京兆尹李翛號能聚斂，乃以爲宣歙、浙西觀察使，予之富饒之地，以辦財賦。鹽鐵使王播言：「劉晏領使時，自按租庸，然後知州縣錢穀利病虛實。」乃以副使程异巡江、淮，覈州府上供錢穀。异至江、淮，得錢百八十五萬貫。其年，遂代播爲鹽鐵使。是時，河北兵討王承宗，於是募人入粟河北、淮西者，自千斛以上皆授以官。度支鹽鐵與諸道貢獻尤甚，號「助軍錢」。及賊平，則有賀禮及助賞設物。羣臣上尊號，又有獻賀物。

穆宗即位，一切罷之，兩稅外加率一錢者，以枉法贓論。然自在藩邸時，習見用兵之弊，以謂戎臣武卒，法當姑息。及即位，自神策諸軍，非時賞賜，不可勝紀。已而幽州兵囚張弘靖，鎭州殺田弘正，兩鎭用兵，置南北供軍院。而行營軍十五萬，不能亢兩鎭萬餘之衆。而饋運不能給，帛粟未至而諸軍或彊奪於道。

蓋自建中定兩稅，而物輕錢重，民以爲患，至是四十年。當時爲絹二匹半者爲八匹，大率加三倍。豪家大商，積錢以逐輕重，故農人日困，末業日增。帝亦以貨輕錢重，民困而用不充，詔百官議革其弊。而議者多請重挾銅之律。戶部尙書楊於陵曰：「王者制錢以權百貨，貿遷有無，通變不倦，使物無甚貴甚賤，其術非它，在上而已。何則？上之所重，人必從之。古者權之於上，今索之於下；昔散之四方，今藏之公府；昔廣鑄以資用，今減鑪以廢功；昔行之於中原，今洩之於邊裔。又有閭井送終之唅，商賈貸舉之積，江湖壓覆之耗，則錢焉得不重，貨焉得不輕？開元中，天下鑄錢七十餘鑪，歲盈百萬，今纔十數鑪，歲入十五萬而已。大曆以前，淄青、太原、魏博雜鉛鐵以通時用，嶺南雜以金、銀、丹砂、象齒，今一用泉貨，故錢不足。今宜使天下兩稅、榷酒、鹽利、上供及留州、送使錢，悉輸以布帛穀粟，則人寬於所求，然後出內府之積，收市廛之滯，廣山鑄之數，限邊裔之出，禁私家之積，則貨日重而錢日輕矣。」宰相善其議。由是兩稅、上供、留州，皆易以布帛、絲纊，租、庸、課、調不計錢而納布帛，唯鹽酒本以榷率計錢，與兩稅異，不可去錢。

文宗大和九年，以天下回殘錢置常平義倉本錢，歲增市之。非遇水旱不增者，判官罰俸，書下考；州縣假借，以枉法論。

文宗嘗召監倉御史崔虞問太倉粟數，對曰：「有粟二百五十萬石。」帝曰：「今歲費廣而所畜寡，奈何？」乃詔出使郎官、御史督察州縣壅遏錢穀者。時豪民侵噬產業不移戶，州縣不敢傜役，而征稅皆出下貧。至於依富室爲奴客，役罰峻於州縣。長吏歲輒遣吏巡覆田稅，民苦其擾。

武宗即位，廢浮圖法，天下毀寺四千六百、招提蘭若四萬，籍僧尼爲民二十六萬五千人，奴婢十五萬人，田數千萬頃，大秦穆護、祆二千餘人。上都、東都每街留寺二，每寺僧三十人，諸道留僧以三等，不過二十人。腴田鬻錢送戶部，中下田給寺家奴婢丁壯者爲兩稅戶，人十畝。以僧尼既盡，兩京悲田養病坊，給寺田十頃，諸州七頃，主以耆壽。

自會昌末，置備邊庫，收度支、戶部、鹽鐵錢物。宣宗更號延資庫。初以度支郎中判之，至是以屬宰相，其任益重。戶部歲送錢帛二十萬，度支鹽鐵送者三十萬，諸道進奉助軍錢皆輸焉。

懿宗時，雲南蠻數內寇，徙兵戍嶺南。淮北大水，征賦不能辦，人人思亂。及龐勛反，附者六七萬。自關東至海大旱，冬蔬皆盡，貧者以蓬子爲麪，槐葉爲齏。乾符初，大水，山東饑。中官田令孜爲神策中尉，怙權用事，督賦益急。王仙芝、黃巢等起，天下遂亂，公私困竭。昭宗在鳳翔，爲梁兵所圍，城中人相食，父食其子，而天子食粥，六宮及宗室多餓死。其窮至於如此，遂以亡。

初，乾元末，天下上計百六十九州，戶百九十三萬三千一百二十四，不課者百一十七萬四千五百九十二；口千六百九十九萬三百八十六，不課者千四百六十一萬九千五百八十七。減天寶戶五百九十八萬二千五百八十四，口三千五百九十二萬八千七百二十三。元和中，供歲賦者，浙西、浙東、宣歙、淮南、江西、鄂岳、福建、湖南八道，戶百四十四萬，比天寶纔四之一。兵食於官者八十三萬，加天寶三之一，通以二戶養一兵。京西北、河北以屯兵廣，無上供。至長慶，戶三百三十五萬，而兵九十九萬，率三戶以奉一兵。至武宗即位，戶二百一十一萬四千九百六十。會昌末，戶增至四百九十五萬五千一百五十一。宣宗既復河、湟，天下兩稅、榷酒茶鹽錢，歲入九百二十二萬緡，歲之常費率少三百餘萬，有司遠取後年乃濟。及羣盜起，諸鎮不復上計云。

校勘記

〔一〕租出穀　「租」，各本原作「稅」。據陸宣公翰苑集（四部叢刊影宋本）卷二二、通鑑卷二三四改。

〔二〕有糴鹽以入直　「糴」，陸宣公翰苑集卷二二作「糶」。

唐書卷五十三

志第四十三

食貨三

唐都長安，而關中號稱沃野，然其土地狹，所出不足以給京師，備水旱，故常轉漕東南之粟。高祖、太宗之時，用物有節而易贍，水陸漕運，歲不過二十萬石，故漕事簡。自高宗已後，歲益增多，而功利繁興，民亦罹其弊矣。

初，江淮漕租米至東都輸含嘉倉，以車或馱陸運至陝。而水行來遠，多風波覆溺之患，其失嘗十七八，故其率一斛得八斗爲成勞。而陸運至陝，纔三百里，率兩斛計傭錢千。民送租者，皆有水陸之直，而河有三門底柱之險。顯慶元年，苑西監褚朗議鑿三門山爲梁，可通陸運。乃發卒六千鑿之，功不成。其後，將作大匠楊務廉又鑿爲棧，以輓漕舟。輓夫繫二鈲於胸，而繩多絕，輓夫輒墜死，則以逃亡報，因繫其父母妻子，人以爲苦。

開元十八年，宣州刺史裴耀卿朝集京師，玄宗訪以漕事，耀卿條上便宜曰：「江南戶口多，而無征防之役。然送租、庸、調物，以歲二月至揚州入斗門，四月已後，始渡淮入汴，常苦水淺，六七月乃至河口，而河水方漲，須八九月水落始得上河入洛，而漕路多梗，船檣阻隘。江南之人，不習河事，轉雇河師水手，重爲勞費。其得行日少，阻滯日多。今漢、隋漕路，瀕河倉廩，遺迹可尋。可於河口置武牢倉，鞏縣置洛口倉，使江南之舟不入黃河，黃河之舟不入洛口。而河陽、柏崖、太原、永豐、渭南諸倉，節級轉運，水通則舟行，水淺則寓於倉以待，則舟無停留，而物不耗失。此甚利也。」玄宗初不省。二十一年，耀卿爲京兆尹，京師雨水，穀踊貴，玄宗將幸東都，復問耀卿漕事，耀卿因請「罷陝陸運，而置倉河口，使江南漕舟至河口者，輸粟於倉而去，縣官雇舟以分入河、洛。置倉三門東西，漕舟輸其東倉，而陸運以輸西倉，復以舟漕，以避三門之水險」。玄宗以爲然。乃於河陰置河陰倉，河淸置柏崖倉〔二〕；三門東置集津倉，西置鹽倉；鑿山十八里以陸運。自江、淮漕者，皆輸河陰倉，自河陰西至太原倉，謂之北運，自太原倉浮渭以實關中。玄宗大悅，拜耀卿爲黃門侍郎、同中書門下平章事，兼江淮都轉運使，以鄭州刺史崔希逸、河南少尹蕭炅爲副使，益漕晉、絳、魏、濮、邢、貝、濟、博之租輸諸倉，轉而入渭。凡三歲，漕七百萬石，省陸運傭錢三十萬緡。

是時，民久不罹兵革，物力豐富，朝廷用度亦廣，不計道里之費，而民之輸送所出水陸之直，增以「函脚」、「營窖」之名，民間傳言用斗錢運斗米，其糜耗如此。

及耀卿罷相，北運頗艱，米歲至京師纔百萬石。二十五年，遂罷北運。而崔希逸爲河南陝運使，歲運百八十萬石。其後以太倉積粟有餘，歲減漕數十萬石。

二十九年，陝郡太守李齊物鑿砥柱爲門以通漕，開其山巔爲輓路，燒石沃醯而鑿之。然棄石入河，激水益湍怒，舟不能入新門，候其水漲，以人輓舟而上。天子疑之，遣宦者按視，齊物厚賂使者，還言便。

齊物入爲鴻臚卿，以長安令韋堅代之，兼水陸運使。堅治漢、隋運渠，起關門，抵長安，通山東租賦。乃絶灞、滻，並渭而東，至永豐倉與渭合。又於長樂坡瀕苑牆鑿潭於望春樓下，以聚漕舟。堅因使諸舟各揭其郡名，陳其土地所產寶貨諸奇物於栿上。先時民間唱俚歌曰「得体紇那邪」。其後得寶符於桃林，於是陝縣尉崔成甫更得体歌爲得寶弘農野。堅命舟人爲吳、楚服，大笠、廣袖、芒屩以歌之。成甫又廣之爲歌辭十闋，自衣缺後綠衣、錦半臂、紅抹額，立第一船爲號頭以唱，集兩縣婦女百餘人，鮮服靚粧，鳴鼓吹笛以和之。衆艘以次輳樓下，天子望見大悅，賜其潭名曰廣運潭。是歲，漕山東粟四百萬石。自裴耀卿言漕事，進用者常兼轉運之職，而韋堅爲最。

初，耀卿興漕路，請罷陸運，而不果廢。自景雲中，陸運北路分八遞，雇民車牛以載。

開元初，河南尹李傑爲水陸運使，運米歲二百五十萬石，而八遞用車千八百乘。耀卿罷久之，河南尹裴迥以八遞傷牛，乃爲交場兩遞，濱水處爲宿場，分官總之，自龍門東山抵天津橋爲石堰以遏水。其後大盜起，而天下匱矣。

肅宗末年，史朝義兵分出宋州，淮運於是阻絕，租庸鹽鐵泝漢江而上。河南尹劉晏爲戶部侍郎，兼句當度支、轉運、鹽鐵、鑄錢使，江淮粟帛，繇襄、漢越商於以輸京師。

及代宗出陝州，關中空窘，於是盛轉輸以給用。廣德二年，廢句當度支使，以劉晏顓領東都、河南、淮西、江南東西轉運、租庸、鑄錢、鹽鐵，轉輸至上都，度支所領諸道租庸觀察使，凡漕事亦皆決於晏。晏卽鹽利顧傭分吏督之，隨江、汴、河、渭所宜。故時轉運船繇潤州陸運至揚子，斗米費錢十九，晏命囊米而載以舟，減錢十五；繇揚州距河陰，斗米費錢百二十，晏爲歇艎支江船二千艘，每船受千斛，十船爲綱，每綱三百人，篙工五十，自揚州遣將部送至河陰，上三門，號「上門塡闕船」，米斗減錢九十。調巴、蜀、襄、漢麻枲竹篠爲綯挽舟，以朽索腐材代薪，物無棄者。未十年，人人習河險。江船不入汴，汴船不入河，河船不入渭；江南之運積揚州，汴河之運積河陰，河船之運積渭口，渭船之運入太倉。歲轉粟百一十萬石，無升斗溺者。輕貨自揚子至汴州，每馱費錢二千二百，減九百，歲省十餘萬緡。又分官吏主丹楊湖，禁引漑，自是河漕不涸。大曆八年，以關內豐穰，減漕十萬石，度支和糴以優農。晏自天寶末掌出納，監歲運，知左右藏，主財穀三十餘年矣。及楊炎爲相，以舊惡罷晏，轉運使復歸度支，凡江淮漕米，以庫部郎中崔河圖主之。

及田悅、李惟岳、李納、梁崇義拒命，舉天下兵討之，諸軍仰給京師。而李納、田悅兵守渦口，梁崇義搤襄、鄧，南北漕引皆絕，京師大恐。江淮水陸轉運使杜佑以秦、漢運路出浚儀十里入琵琶溝，絕蔡河，至陳州而合，自隋鑿汴河，官漕不通，若導流培岸，功用甚寡；疏雞鳴岡首尾，可以通舟，陸行纔四十里，則江、湖、黔中、嶺南、蜀、漢之粟可方舟而下，繇白沙趣東關，歷潁、蔡，涉汴抵東都，無濁河泝淮之阻，減故道二千餘里。會李納將李洧以徐州歸命，淮路通而止。戶部侍郎趙贊又以錢貨出淮迂緩，分置汴州東西水陸運兩稅鹽鐵使，以度支總大綱。

貞元初，關輔宿兵，米斗千錢，太倉供天子六宮之膳不及十日，禁中不能釀酒，以飛龍駝負永豐倉米給禁軍，陸運牛死殆盡。德宗以給事中崔造敢言，爲能立事，用爲相。造以江、吳素嫉錢穀諸使顓利罔上，乃奏諸道觀察使、刺史選官部送兩稅至京師，廢諸道水陸轉運使及度支巡院、江淮轉運使，以度支、鹽鐵歸尚書省，宰相分判六尚書事。以戶部侍郎元琇判諸道鹽鐵、榷酒，侍郎吉中孚判度支諸道兩稅。增江淮之運，浙江東、西歲運米七十五萬石，復以兩稅易米百萬石，江西、湖南、鄂岳、福建、嶺南米亦百二十萬石，詔浙江東、西節度使韓滉，淮南節度使杜亞運至東、西渭橋倉。諸道有鹽鐵處，復置巡院。歲終宰相計課最。崔造厚元琇，而韓滉方領轉運，奏國漕不可改。帝亦雅器滉，復以爲江淮轉運使。元琇嫉其剛，不可共事，因有隙。琇稱疾罷，而滉爲度支、諸道鹽鐵、轉運使，於是崔造亦罷。滉遂劾琇常餫米淄青、河中，而李納、懷光倚以構叛，貶琇雷州司戶參軍，尋賜死。

是時，汴宋節度使春夏遣官監汴水，察盜灌溉者。歲漕經底柱，覆者幾半。河中有山號「米堆」，運舟入三門，雇平陸人爲門匠，執標指麾，一舟百日乃能上。諺曰：「古無門匠墓。」謂皆溺死也。陝虢觀察使李泌益鑿集津倉山西逕爲運道，屬于三門倉，治上路以回空車，費錢五萬緡，下路減半；又爲入渭船，方五板，輸東渭橋太倉米至凡百三十萬石，遂罷南路陸運。其後諸道鹽鐵、轉運使張滂復置江淮巡院。及浙西觀察使李錡領使，江淮堰埭隸浙西者，增私路小堰之稅，以副使潘孟陽主上都留後。李巽爲諸道轉運、鹽鐵使，以堰埭歸鹽鐵使，罷其增置者。自劉晏後，江淮米至渭橋寖減矣，至巽乃復如晏之多。

初，揚州疏太子港、陳登塘，凡三十四陂，以益漕河，輒復堙塞。淮南節度使杜亞乃濬渠蜀岡，疏句城湖、愛敬陂，起隄貫城，以通大舟。河益庳，水下走淮，夏則舟不得前。節度使李吉甫築平津堰，以洩有餘，防不足，漕流遂通。然漕益少，江淮米至渭橋者纔二十萬斛。諸道鹽鐵、轉運使盧坦糴以備一歲之費，省冗職八十員。自江以南，補署皆剸屬院監，而漕米亡耗於路頗多。刑部侍郎王播代坦，建議米至渭橋五百石亡五十石者死。其後判度支皇甫鏄議萬斛亡三百斛者償之，千七百斛者流塞下，過者死；盜十斛者流，三十斛者死。而覆船敗輓，至者不得十之四五。部吏舟人相挾爲姦，榜笞號苦之聲聞于道路，禁錮連歲，赦下而獄死者不可勝數。其後貸死刑，流天德五城，人不畏法，運米至者十亡七八。鹽鐵、轉運使柳公綽請如王播議加重刑。大和初，歲旱河涸，掊沙而進，米多耗，抵死甚衆，不待覆奏。

秦、漢時故漕興成堰，東達永豐倉，咸陽縣令韓遼請疏之，自咸陽抵潼關三百里，可以罷車輓之勞。宰相李固言以爲非時，文宗曰：「苟利於人，陰陽拘忌，非朕所顧也。」議遂決。堰成，罷輓車之牛以供農耕，關中賴其利。

故事，州縣官充綱，送輕貨四萬，書上考。開成初，爲長定綱，州擇淸彊官送兩稅，至十萬遷一官，往來十年者授縣令。江淮錢積河陰，轉輸歲費十七萬餘緡，行綱多以盜抵死。判度支王彥威置縣遞羣畜萬三千三百乘，使路傍民養以取傭，日役一驛，省費甚博。而宰相亦以長定綱命官不以材，江淮大州，歲授官者十餘人，乃罷長定綱，送五萬者書上考，七萬者減一選，五十萬減三選而已。及戶部侍郎裴休爲使，以河瀕縣令董漕事，自江達渭，運米四十萬石。居三歲，米至渭橋百二十萬石。

凡漕達于京師而足國用者，大略如此。其他州、縣、方鎮，漕以自資，或兵所征行，轉運以給一時之用者，皆不足紀。

唐開軍府以扞要衝，因隙地置營田，天下屯總九百九十二。司農寺每屯三十頃〔二〕，州、鎮諸軍每屯五十頃。水陸腴瘠、播殖地宜與其功庸煩省、收率之多少，皆決於尙書省。苑內屯以善農者爲屯官、屯副，御史巡行莅輸。上地五十畝，瘠地二十畝，稻田八十畝，則給牛一〔三〕。諸屯以地良薄與歲之豐凶爲三等，具民田歲穫多少，取中熟爲率。有警，則以兵若夫千人助收。隸司農者，歲三月，卿、少卿循行，治不法者。凡屯田收多者，褒進之。歲以仲春籍來歲頃畝、州府軍鎮之遠近，上兵部，度便宜遣之。開元二十五年，詔屯官敍功以歲豐凶爲上下。鎮戍地可耕者，人給十畝以供糧。方春，屯官巡行，謫作不時者。天下屯田收穀百九十餘萬斛。

初，度支歲市糧於北都，以贍振武、天德、靈武、鹽、夏之軍，費錢五六十萬緡，泝河舟溺甚衆。建中初，宰相楊炎請置屯田於豐州，發關輔民鑿陵陽渠以增溉。京兆尹嚴郢嘗從事朔方，知其利害，以爲不便，疏奏不報。郢又奏：「五城舊屯，其數至廣，以開渠之糧貸諸城，約以多輸；又以開渠功直布帛先給田者，據估轉穀。如此則關輔免調發，五城田闢，比之浚渠利十倍也。」時楊炎方用事，郢議不用，而陵陽渠亦不成。然振武、天德良田，廣袤千里。

元和中，振武軍饑，宰相李絳請開營田，可省度支漕運及絕和糴欺隱。憲宗稱善，乃以韓重華爲振武、京西營田、和糴、水運使，起代北，墾田三百頃，出贓罪吏九百餘人，給以耒耜、耕牛，假種糧，使償所負粟，二歲大熟。因募人爲十五屯，每屯百三十人，人耕百畝，就高爲堡，東起振武，西逾雲州，極於中受降城，凡六百餘里，列柵二十，墾田三千八百餘頃〔四〕，歲收粟二十萬石，省度支錢二千餘萬緡。重華入朝，奏請益開田五千頃，法用人七千，可以盡給五城。會李絳已罷，後宰相持其議而止。憲宗末，天下營田皆雇民或借庸以耕，又以瘠地易上地，民間苦之。穆宗卽位，詔還所易地，而耕以官兵。耕官地者，給三之一以終身。

靈武、邠寧，土廣肥而民不知耕。大和末，王起奏立營田。後党項大擾河西，邠寧節度使畢諴亦募士開營田，歲收三十萬斛，省度支錢數百萬緡。

貞觀、開元後，邊土西舉高昌、龜茲、焉耆、小勃律，北抵薛延陀故地，緣邊數十州戍重兵，營田及地租不足以供軍，於是初有和糴。牛仙客爲相，有彭果者獻策廣關輔之糴，京師糧廩益羨，自是玄宗不復幸東都。天寶中，歲以錢六十萬緡賦諸道和糴，斗增三錢，每歲短遞輸京倉者百餘萬斛。米賤則少府加估而糴，貴則賤價而糶。

貞元初，吐蕃劫盟，召諸道兵十七萬戍邊。關中爲吐蕃蹂躪者二十年矣，北至河曲，人戶無幾，諸道戍兵月給粟十七萬斛，皆糴於關中。宰相陸贄以「關中穀賤，請和糴，可至百餘萬斛。計諸縣船車至太倉，穀價四十有餘，米價七十，則一年和糴之數當轉運之二年，一斗轉運之資當和糴之五斗。減轉運以實邊，存轉運以備時要。江淮米至河陰者罷八十萬斛，河陰米至太原倉者罷五十萬，太原米至東渭橋者罷二十萬。以所減米糶江淮水菑州縣，斗減時五十以救乏。京城東渭橋之糴，斗增時三十以利農。以江淮糶米及減運直市絹帛送上都。」帝乃命度支增估糴粟三十三萬斛，然不能盡用贄議。憲宗即位之初，有司以歲豐熟，請畿內和糴。當時府、縣配戶督限，有稽違則迫蹙鞭撻，甚於稅賦，號爲和糴，其實害民。

校勘記

〔一〕河清置柏崖倉　「河清」，各本原作「河西」。通典卷一〇、冊府卷四九八及本書卷三八地理志俱云於河清縣置柏崖倉，據改。

〔二〕司農寺每屯三十頃　各本原無「十」字。通典卷二：「開元二十五年令：諸屯隸司農寺者，每三十頃以下，二十頃以上爲一屯。」考異卷四五謂「三」下當脫「十」字。據補。

〔三〕上地五十畝瘠地二十畝……則給牛一　通典卷二作「土軟處每一頃五十畝配牛一頭，強硬處一頃二十畝配牛一頭」。考異卷四五引盧召弓曰：此以「上地」、「瘠地」易「土軟」、「土硬」，而兩句皆脫去「一頃」二字。

〔四〕墾地三千八百餘頃　「頃」，各本原作「里」。按通考卷七作「頃」，本卷上下文敍墾田亦以「頃」爲單位，當以「頃」爲是，據改。

唐書卷五十四

志第四十四

食貨四

唐有鹽池十八，井六百四十，皆隸度支。蒲州安邑、解縣有池五，總曰「兩池」，歲得鹽萬斛，以供京師。鹽州五原有烏池、白池、瓦池、細項池，靈州有溫泉池、兩井池、長尾池、五泉池、紅桃池、回樂池、弘靜池，會州有河池，三州皆輸米以代鹽。安北都護府有胡落池，歲得鹽萬四千斛，以給振武、天德。黔州有井四十一，成州、嶲州井各一，果、閬、開、通井百二十三，山南西院領之。邛、眉、嘉有井十三，劍南西川院領之。梓、遂、綿、合、昌、渝、瀘、資、榮、陵、簡有井四百六十，劍南東川院領之。皆隨月督課。幽州、大同橫野軍有鹽屯，每屯有丁有兵，歲得鹽二千八百斛，下者千五百斛。負海州歲免租爲鹽二萬斛以輸司農。青、楚、海、滄、棣、杭、蘇等州，以鹽價市輕貨，亦輸司農。

天寶、至德間，鹽每斗十錢。乾元元年，鹽鐵、鑄錢使第五琦初變鹽法，就山海井竈近利之地置監院，游民業鹽者爲亭戶，免雜傜。盜鬻者論以法。及琦爲諸州榷鹽鐵使，盡榷天下鹽，斗加時價百錢而出之，爲錢一百一十。

自兵起，流庸未復，稅賦不足供費，鹽鐵使劉晏以爲因民所急而稅之，則國足用。於是上鹽法輕重之宜，以鹽吏多則州縣擾，出鹽鄉因舊監置吏，亭戶糶商人，縱其所之。江、嶺去鹽遠者，有常平鹽，每商人不至，則減價以糶民，官收厚利而人不知貴。晏又以鹽生霖潦則鹵薄，暵旱則土溜墳，乃隨時爲令，遣吏曉導，倍於勸農。吳、越、揚、楚鹽廩至數千，積鹽二萬餘石。有漣水、湖州、越州、杭州四場，嘉興、海陵、鹽城、新亭、臨平、蘭亭、永嘉、大昌、侯官、富都十監，歲得錢百餘萬緡，以當百餘州之賦。自淮北置巡院十三，曰揚州、陳許、汴州、廬壽、白沙、淮西、甬橋、浙西、宋州、泗州、嶺南、兗鄆、鄭滑，捕私鹽者，姦盜爲之衰息。然諸道加榷鹽錢，商人舟所過有稅。晏奏罷州縣率稅，禁堰埭邀以利者。晏之始至也，鹽利歲纔四十萬緡，至大曆末，六百餘萬緡。天下之賦，鹽利居半，宮闈服御、軍饟、百官祿俸皆仰給焉。明年而晏罷。

貞元四年，淮南節度使陳少游奏加民賦〔一〕，自此江淮鹽每斗亦增二百，爲錢三百一十，其後復增六十，河中兩池鹽每斗爲錢三百七十。江淮豪賈射利，或時倍之，官收不能過半，民始怨矣。

劉晏鹽法既成，商人納絹以代鹽利者，每緡加錢二百，以備將士春服。包佶爲汴東水陸運、兩稅、鹽鐵使，許以漆器、瑇瑁、綾綺代鹽價，雖不可用者亦高估而售之，廣虛數以罔上。亭戶冒法，私鬻不絕，巡捕之卒，遍于州縣。鹽估益貴，商人乘時射利，遠鄉貧民困高估，至有淡食者。巡吏既多，官冗傷財，當時病之。其後軍費日增，鹽價寖貴，有以穀數斗易鹽一升。私糴犯法，未嘗少息。

順宗時始減江淮鹽價，每斗爲錢二百五十，河中兩池鹽，斗錢三百。增雲安、渙陽、塗澮三監。其後鹽鐵使李錡奏江淮鹽斗減錢十以便民，未幾復舊。方是時，錡盛貢獻以固寵，朝廷大臣，皆餌以厚貨，鹽鐵之利，積于私室，而國用耗屈，榷鹽法大壞，多爲虛估，率千錢不滿百三十而已。兵部侍郎李巽爲使，以鹽利皆歸度支，物無虛估，天下糶鹽稅茶，其嬴六百六十五萬緡。初歲之利，如劉晏之季年，其後則三倍晏時矣。兩池鹽利，歲收百五十餘萬緡。四方豪商猾賈，雜處解縣，主以郎官，其佐貳皆御史。鹽民田園籍於縣，而令不得以縣民治之。

憲宗之討淮西也，度支使皇甫鎛加劍南東西兩川、山南西道鹽估以供軍。貞元中，盜鬻兩池鹽一石者死，至元和中，減死流天德五城，鎛奏論死如初。一斗以上杖背，沒其車驢，能捕斗鹽者賞千錢；節度觀察使以判官、州以司錄錄事參軍察私鹽，漏一石以上罰課料；鬻兩池鹽者，坊市居邸主人、市儈皆論坐；盜刮鹻土一斗，比鹽一升。州縣團保相察，比於貞元加酷矣。自兵興，河北鹽法羈縻而已。至皇甫鎛又奏置榷鹽使，如江淮榷法，犯禁歲多。及田弘正舉魏博歸朝廷，穆宗命河北罷榷鹽。戶部侍郎張平叔議榷鹽法弊，請糶鹽可以富國，詔公卿議其可否。中書舍人韋處厚、兵部侍郎韓愈條詰之，以爲不可，平叔屈服。

是時奉天鹵池生水柏，以灰一斛得鹽十二斤，利倍鹻鹵。文宗時，采灰一斗，比鹽一斤論罪。開成末，詔私鹽月再犯者，易縣令，罰刺史俸；十犯，則罰觀察、判官課料。宣宗卽位，茶、鹽之法益密，糶鹽少、私盜多者，謫觀察、判官，不計十犯。戶部侍郎、判度支盧弘止以兩池鹽法敝，遣巡院官司空輿更立新法，其課倍入，遷榷鹽使。以壕籬者，鹽池之隄禁，有盜壞與鬻鹻皆死，鹽盜持弓矢者亦皆死刑。兵部侍郎、判度支周墀又言：「兩池鹽盜販者，迹其居處，保、社按罪。鬻五石，市二石，亭戶盜糶二石，皆死。」是時江、吳羣盜，以所剽物易茶鹽，不受者焚其室廬，吏不敢枝梧，鎭戍、場鋪、堰埭以關通致富。宣宗乃擢嘗更兩畿輔望縣令者爲監院官。戶部侍郎裴休爲鹽鐵使，上鹽法八事，其法皆施行，兩池榷課大增。

其後兵遍天下，諸鎮擅利，兩池爲河中節度使王重榮所有，歲貢鹽三千車。中官田令孜募新軍五十四都，餫轉不足，乃倡議兩池復歸鹽鐵使，而重榮不奉詔，至舉兵反，僖宗爲再出，然而卒不能奪。

唐初無酒禁。乾元元年，京師酒貴，肅宗以稟食方屈，乃禁京城酤酒，期以麥熟如初。二年，饑，復禁酤，非光祿祭祀、燕蕃客，不御酒。廣德二年，定天下酤戶以月收稅。建中元年，罷之。三年，復禁民酤，以佐軍費，置肆釀酒，斛收直三千，州縣總領，醨薄私釀者論其罪。尋以京師四方所湊，罷榷。貞元二年，復禁京城、畿縣酒，天下置肆以酤者，斗錢百五十，免其徭役，獨淮南、忠武、宣武、河東榷麴而已。元和六年，罷京師酤肆，以榷酒錢隨兩稅青苗斂之。大和八年，遂罷京師榷酤。凡天下榷酒爲錢百五十六萬餘緡，而釀費居三之一，貧戶逃酤不在焉。昭宗世，以用度不足，易京畿近鎮麴法，復榷酒以贍軍，鳳翔節度使李茂貞方顓其利，按兵請入奏利害，天子遽罷之。

初，德宗納戶部侍郎趙贊議，稅天下茶、漆、竹、木，十取一，以爲常平本錢。及出奉天，乃悼悔，下詔亟罷之。及朱泚平，佞臣希意興利者益進。貞元八年，以水災減稅，明年，諸道鹽鐵使張滂奏：出茶州縣若山及商人要路，以三等定估，十稅其一。自是歲得錢四十萬緡，然水旱亦未嘗拯之也。

穆宗卽位，兩鎭用兵，帑藏空虛，禁中起百尺樓，費不可勝計。鹽鐵使王播圖寵以自幸，乃增天下茶稅，率百錢增五十。江淮、浙東西、嶺南、福建、荆襄茶，播自領之，兩川以戶部領之。天下茶加斤至二十兩，播又奏加取焉。右拾遺李珏上疏諫曰：「榷率起於養兵，今邊境無虞，而厚斂傷民，不可一也。茗飲，人之所資，重稅則價必增，貧弱益困，不可二也。山澤之饒，其出不訾，論稅以售多爲利，價騰踊則市者稀，不可三也。」其後王涯判二使，置榷茶使，徙民茶樹於官場，焚其舊積者，天下大怨。令狐楚代爲鹽鐵使兼榷茶使，復令納榷，加價而已。李石爲相，以茶稅皆歸鹽鐵，復貞元之制。

武宗卽位，鹽鐵轉運使崔珙又增江淮茶稅。是時茶商所過州縣有重稅，或掠奪舟車，露積雨中，諸道置邸以收稅，謂之「搨地錢」，故私販益起。大中初，鹽鐵轉運使裴休著條約：私鬻三犯皆三百斤，乃論死；長行羣旅，茶雖少皆死；雇載三犯至五百斤、居舍儈保四犯至千斤者，皆死；園戶私鬻百斤以上，杖背，三犯，加重傜；伐園失業者，刺史、縣令以縱私鹽論。廬、壽、淮南皆加半稅，私商給自首之帖，天下稅茶增倍貞元。江淮茶爲大摸，一斤至五十兩。諸道鹽鐵使于悰每斤增稅錢五，謂之「剩茶錢」，自是斤兩復舊。

凡銀、銅、鐵、錫之冶一百六十八。陝、宣、潤、饒、衢、信五州〔三〕，銀冶五十八，銅冶九十六，鐵山五，錫山二，鉛山四。汾州礬山七。麟德二年，廢陝州銅冶四十八。開元十五年，初稅伊陽五重山銀、錫。德宗時戶部侍郎韓洄建議，山澤之利宜歸王者，自是皆隸鹽鐵使。元和初，天下銀冶廢者四十，歲采銀萬二千兩，銅二十六萬六千斤，鐵二百七萬斤，錫五萬斤，鉛無常數。開成元年，復以山澤之利歸州縣，刺史選吏主之。其後諸州牟利以自殖，舉天下不過七萬餘緡，不能當一縣之茶稅。及宣宗增河湟戍兵衣絹五十二萬餘匹，鹽鐵轉運使裴休請復歸鹽鐵使以供國用，增銀冶二、鐵山七十一，廢銅冶二十七、鉛山一。天下歲率銀二萬五千兩、銅六十五萬五千斤、鉛十一萬四千斤、錫萬七千斤、鐵五十三萬二千斤。

隋末行五銖白錢，天下盜起，私鑄錢行。千錢初重二斤，其後愈輕，不及一斤，鐵葉、皮紙皆以爲錢。高祖入長安，民間行綫環錢，其製輕小，凡八九萬纔滿半斛。

武德四年，鑄「開元通寶」，徑八分，重二銖四參，積十錢重一兩，得輕重大小之中，其文以八分、篆、隸三體。洛、并、幽、益、桂等州皆置監。賜秦王、齊王三鑪，右僕射裴寂一鑪以鑄。盜鑄者論死，沒其家屬。其後盜鑄漸起。

顯慶五年，以惡錢多，官爲市之，以一善錢售五惡錢，民間藏惡錢以待禁弛。乾封元年，改鑄「乾封泉寶」錢，徑寸，重二銖六分，以一當舊錢之十。踰年而舊錢多廢。明年，以商賈不通，米帛踊貴，復行開元通寶錢，天下皆鑄之。然私錢犯法日蕃，有以舟筏鑄江中者。詔所在納惡錢，而姦亦不息。儀鳳中，瀕江民多私鑄錢爲業，詔巡江官督捕，載銅、錫、鑞過百斤者沒官。四年，命東都糶米粟，斗別納惡錢百，少府、司農毀之。是時鑄多錢賤，米粟踊貴，乃罷少府鑄，尋復舊。永淳元年，私鑄者抵死，鄰、保、里、坊、村正皆從坐。武后時，錢非穿穴及鐵錫銅液，皆得用之，熟銅、排斗、沙澀之錢皆售，自是盜鑄蜂起，江淮游民依大山陂海以鑄，吏莫能捕。

先天之際，兩京錢益濫，郴、衡錢纔有輪郭，鐵錫五銖之屬皆可用之。或鎔錫摸錢，須臾百十。開元初，宰相宋璟請禁惡錢，行二銖四參錢，毀舊錢不可用者。江淮有官鑪錢、偏鑪錢、稜錢、時錢，遣監察御史蕭隱之使江淮，率戶出惡錢，捕責甚峻，上青錢皆輸官，小惡者沈江湖，市井不通，物價益貴，隱之坐貶官。宋璟又請出米十萬斛收惡錢，少府毀之。十一年，詔所在加鑄，禁賣銅錫及造銅器者。二十年，千錢以重六斤四兩爲率，每錢重二銖四參，禁缺頓、沙澀、盪染、白彊、黑彊之錢。首者，官爲市之。銅一斤爲錢八十。

二十二年，宰相張九齡建議：「古者以布帛菽粟不可尺寸抄勺而均，乃爲錢以通貿易。官鑄所入無幾，而工費多，宜縱民鑄。」議下百官，宰相裴耀卿、黃門侍郎李林甫、河南少尹蕭炅、祕書監崔沔皆以爲「嚴斷惡錢則人知禁，稅銅折役則官冶可成，計估度庸則私錢以利薄而自息。若許私鑄，則下皆棄農而競利矣」。左監門衞錄事參軍事劉秩曰〔三〕：「今之錢，古之下幣也。若捨之任人，則上無以御下，下無以事上，不可一也。物賤傷農，錢輕傷賈，物重則錢輕，錢輕由乎物多，多則作法收之使少，物少則作法布之使輕，奈何假人？不可二也。鑄錢不雜鉛鐵則無利，雜則錢惡。今塞私鑄之路，人猶冒死，況設陷穽誘之？不可三也。鑄錢無利則人不鑄，有利則去南畝者衆，不可四也。人富則不可以賞勸，貧則不可以威禁。法不行，人不理，繇貧富不齊。若得鑄錢，貧者服役於富室，富室乘而益恣，不可五也。夫錢重繇人日滋於前，而鑪不加舊。公錢與銅價頗等，故破重錢爲輕錢，銅之不贍，在採用者衆也。銅之爲兵不如鐵，爲器不如漆。禁銅則人無所用，盜鑄者少，公錢不破，人不犯死，錢又日增，是一舉而四美兼也。」是時公卿皆以縱民鑄爲不便，於是下詔禁惡錢而已。信安郡王禕復言國用不足，請縱私鑄，議者皆畏禕帝弟之貴，莫敢與抗，獨倉部郎中韋伯陽以爲不可，禕議亦格。

二十六年，宣、潤等州初置錢監，兩京用錢稍善，米粟價益下。其後錢又漸惡，詔出銅所在置監，鑄開元通寶錢，京師庫藏皆滿。天下盜鑄益起，廣陵、丹楊、宣城尤甚。京師權豪，歲歲取之，舟車相屬。江淮偏鑪錢數十種，雜以鐵錫，輕漫無復錢形。公鑄者號官鑪錢，一以當偏鑪錢七八，富商往往藏之，以易江淮私鑄者。兩京錢有鵝眼、古文、綫環之別，每貫重不過三四斤，至翦鐵而緡之。

宰相李林甫請出絹布三百萬匹，平估收錢，物價踊貴，訴者日萬人。兵部侍郎楊國忠欲招權以市恩，揚鞭市門曰：「行當復之。」明日，詔復行舊錢。天寶十一載，又出錢三十萬緡易兩市惡錢，出左藏庫排斗錢，許民易之。國忠又言錢非鐵錫、銅沙、穿穴、古文，皆得用之。是時增調農人鑄錢，既非所習，皆不聊生。內作判官韋倫請厚價募工，繇是役用減而鼓鑄多。天下鑪九十九：絳州三十，揚、潤、宣、鄂、蔚皆十，益、郴皆五〔四〕，洋州三，定州一。每鑪歲鑄錢三千三百緡，役丁匠三十，費銅二萬一千二百斤、鑞三千七百斤、錫五百斤。每千錢費錢七百五十。天下歲鑄三十二萬七千緡。

肅宗乾元元年，經費不給，鑄錢使第五琦鑄「乾元重寶」錢，徑一寸，每緡重十斤，與開元通寶參用，以一當十，亦號「乾元十當錢」。先是諸鑪鑄錢窳薄，鎔破錢及佛像，謂之「盤陁」，皆鑄爲私錢，犯者杖死。第五琦爲相，復命絳州諸鑪鑄重輪乾元錢，徑一寸二分，其文亦曰「乾元重寶」，背之外郭爲重輪，每緡重十二斤，與開元通寶錢並行，以一當五十。是時民間行三錢，大而重稜者亦號「重稜錢」。法既屢易，物價騰踊，米斗錢至七千，餓死者滿道。初有「虛錢」，京師人人私鑄，併小錢，壞鍾、像，犯禁者愈衆。鄭叔淸爲京兆尹，數月榜死者八百餘人。肅宗以新錢不便，命百官集議，不能改。上元元年，減重輪錢以一當三十，開元舊錢與乾元十當錢，皆以一當十，碾磑鬻受，得爲實錢，虛錢交易皆用十當錢，由是錢有虛實之名。

史思明據東都，亦鑄「得一元寶」錢，徑一寸四分，以一當開元通寶之百。既而惡「得一」非長祚之兆，改其文曰「順天元寶」。

代宗卽位，乾元重寶錢以一當二，重輪錢以一當三，凡三日而大小錢皆以一當一。自第五琦更鑄，犯法者日數百，州縣不能禁止，至是人甚便之。其後民間乾元、重稜二錢鑄爲器，不復出矣。

當時議者以爲「自天寶至今，戶九百餘萬。王制：上農夫食九人，中農夫七人。以中農夫計之，爲六千三百萬人。少壯相均，人食米二升，日費米百二十六萬斛，歲費四萬五千三百六十萬斛，而衣倍之，吉凶之禮再倍，餘三年之儲以備水旱凶災，當米十三萬六千八十萬斛，以貴賤豐儉相當，則米之直與錢鈞也。田以高下肥瘠豐耗爲率，一頃出米五十餘斛，當田二千七百二十一萬六千頃。而錢亦歲毀於棺瓶埋藏焚溺，其間銅貴錢賤，有鑄以爲器者，不出十年錢幾盡，不足周當世之用」。諸道鹽鐵轉運使劉晏以江、嶺諸州，任土所出，皆重粗賤弱之貨，輸京師不足以供道路之直。於是積之江淮，易銅鉛薪炭，廣鑄錢，歲得十餘萬緡，輸京師及荆、揚二州，自是錢日增矣。

大曆七年，禁天下鑄銅器。建中初，戶部侍郎韓洄以商州紅崖冶銅多，請復洛源廢監，起十鑪，歲鑄錢七萬二千緡，每千錢費九百。德宗從之。

江淮多鉛錫錢，以銅盪外，不盈斤兩，帛價益貴。銷千錢爲銅六斤，鑄器則斤得錢六百，故銷鑄者多，而錢益耗。判度支趙贊採連州白銅鑄大錢，一當十，以權輕重。貞元初，駱谷、散關禁行人以一錢出者。諸道鹽鐵使張滂奏禁江淮鑄銅爲器，惟鑄鑑而已。十年，詔天下鑄銅器，每器一斤，其直不得過百六十，銷錢者以盜鑄論。然而民間錢益少，繒帛價輕，州縣禁錢不出境，商賈皆絕。浙西觀察使李若初請通錢往來，而京師商賈齎錢四方貿易者，不可勝計。詔復禁之。二十年，命市井交易，以綾、羅、絹、布、雜貨與錢兼用。憲宗以錢少復禁用銅器。

時商賈至京師，委錢諸道進奏院及諸軍、諸使富家，以輕裝趨四方，合券乃取之，號「飛錢」。京兆尹裴武請禁與商賈飛錢者，廋索諸坊，十人爲保。

鹽鐵使李巽以郴州平陽銅坑二百八十餘，復置桂陽監，以兩鑪日鑄錢二十萬。天下歲鑄錢十三萬五千緡。

命商賈蓄錢者，皆出以市貨；天下有銀之山必有銅，唯銀無益於人，五嶺以北，採銀一兩者流他州，官吏論罪。元和四年，京師用錢緡少二十及有鉛錫錢者，捕之；非交易而錢行衢路者，不問。復詔采五嶺銀坑，禁錢出嶺。六年，貿易錢十緡以上者，參用布帛。

蔚州三河冶距飛狐故監二十里而近，河東節度使王鍔置鑪，疏拒馬河水鑄錢，工費尤省，以刺史李聽爲使，以五鑪鑄，每鑪月鑄錢三十萬，自是河東錫錢皆廢。

自京師禁飛錢，家有滯藏，物價寖輕。判度支盧坦、兵部尚書判戶部事王紹、鹽鐵使王播請許商人於戶部、度支、鹽鐵三司飛錢，每千錢增給百錢，然商人無至者。復許與商人敵貫而易之，然錢重帛輕如故。憲宗爲之出內庫錢五十萬緡市布帛，每匹加舊估十之一。

會吳元濟、王承宗連衡拒命，以七道兵討之，經費屈竭。皇甫鎛建議，內外用錢每緡墊二十外，復抽五十送度支以贍軍。十二年，復給京兆府錢五十萬緡市布帛，而富家錢過五千貫者死，王公重貶，沒入於官，以五之一賞告者。京師區肆所積，皆方鎭錢，少亦五十萬緡，乃爭市第宅。然富賈倚左右神策軍官錢爲名，府縣不敢劾問。民間墊陌有至七十者，鉛錫錢益多，吏捕犯者，多屬諸軍、諸使，譁集市人彊奪，毆傷吏卒。京兆尹崔元略請犯者本軍、本使涖決，帝不能用，詔送本軍、本使，而京兆府遣人涖決。穆宗卽位，京師鬻金銀十兩亦墊一兩，糴米鹽百錢墊七八。京兆尹柳公綽以嚴法禁止之。尋以所在用錢墊陌不一，詔從俗所宜，內外給用，每緡墊八十。

寶曆初，河南尹王起請銷錢爲佛像者以盜鑄錢論。大和三年，詔佛像以鉛、錫、土、木爲之，飾帶以金銀、鍮石、烏油、藍鐵，唯鑑、磬、釘、鐶、鈕得用銅，餘皆禁之，盜鑄者死。是時峻鉛錫錢之禁，告千錢者賞以五千。

四年，詔積錢以七千緡爲率，十萬緡者期以一年出之，二十萬以二年。凡交易百緡以上者，匹帛米粟居半。河南府、揚州、江陵府以都會之劇，約束如京師。未幾皆罷。

八年，河東錫錢復起，鹽鐵使王涯置飛狐鑄錢院於蔚州，天下歲鑄錢不及十萬緡。文宗病幣輕錢重，詔方鎭縱錢穀交易。時雖禁銅爲器，而江淮、嶺南列肆鬻之，鑄千錢爲器，售利數倍。宰相李珏請加鑪鑄錢，於是禁銅器，官一切爲市之。天下銅坑五十，歲采銅二十六萬六千斤。

及武宗廢浮屠法，永平監官李郁彥請以銅像、鍾、磬、鑪、鐸皆歸巡院，州縣銅益多矣。

鹽鐵使以工有常力，不足以加鑄，許諸道觀察使皆得置錢坊。淮南節度使李紳請天下以州名鑄錢，京師爲京錢，大小徑寸，如開元通寶，交易禁用舊錢。會宣宗卽位，盡黜會昌之政，新錢以字可辨，復鑄爲像。

昭宗末，京師用錢八百五十爲貫，每百纔八十五，河南府以八十爲百云。

校勘記

〔一〕貞元四年淮南節度使陳少游奏加民賦　按舊書卷一二德宗紀及通鑑卷二三一俱云陳少游死於興元元年，則奏加民賦自不當在貞元四年。查舊書卷四八食貨志載：建中三年五月，「淮南節度使陳少游請於本道兩稅錢每千增二百，因詔他州悉如之」。本書卷二二四上陳少游傳及册府卷五一〇合。「貞元四年」疑爲「建中三年」之誤。又「淮南」各本原作「淮西」，上引諸書並作「淮南」，據改。

〔二〕陝宣潤饒衢信五州　按州名有六而綜稱「五州」，必有誤衍。

〔三〕左監門衞錄事參軍事劉秩　「秩」，衲本原作「袟」，汲、殿、局本作「袟」。按通典卷九、唐會要卷八九及文苑英華卷七六九均作「秩」。又本書卷一三二有劉秩傳，謂秩「開元末歷左監門衞錄事參軍事」，當卽此人。據改。

〔四〕 鎰郴皆五　通典卷九、通志卷六二均作「鎰鄧郴各五鑪」。按本卷上文言「天下鑪九十九」，而綜列舉之數止九十四，此處疑脫「鄧」字。

唐書卷五十五

志第四十五

食貨五

武德元年，文武官給祿，頗減隋制，一品七百石，從一品六百石，二品五百石，從二品四百六十石，三品四百石，從三品三百六十石，四品三百石，從四品二百六十石，五品二百石，從五品百六十石，六品百石，從六品九十石，七品八十石，從七品七十石，八品六十石，從八品五十石，九品四十石，從九品三十石，皆以歲給之。外官則否。

一品有職分田十二頃，二品十頃，三品九頃，四品七頃，五品六頃，六品四頃，七品三頃五十畝，八品二頃五十畝，九品二頃，皆給百里內之地。諸州都督、都護、親王府官二品十二頃，三品十頃，四品八頃，五品七頃，六品五頃，七品四頃，八品三頃，九品二頃五十畝。鎮戍、關津、岳瀆官五品五頃，六品三頃五十畝，七品三頃，八品二頃，九品一頃五十畝。三衞中郎將、上府折衝都尉六頃，中府五頃五十畝，下府及郎將五頃；上府果毅都尉四頃，中府三頃五十畝，下府三頃；上府長史、別將三頃，中府、下府二頃五十畝；親王府典軍五頃五十畝，副典軍四頃；千牛備身左右、太子千牛備身三頃；折衝上府兵曹二頃，中府、下府一頃五十畝。外軍校尉一頃二十畝，旅帥一頃，隊正、副八十畝。

親王以下又有永業田百頃，職事官一品六十頃，郡王、職事官從一品五十頃，國公、職事官從二品三十五頃，縣公、職事官三品二十五頃，職事官從三品二十頃，侯、職事官四品十二頃，子、職事官五品八頃，男、職事官從五品五頃，六品、七品二頃五十畝，八品、九品二頃。上柱國三十頃，柱國二十五頃，上護軍二十頃，護軍十五頃，上輕車都尉十頃，輕車都尉七頃，上騎都尉六頃，騎都尉四頃，驍騎、飛騎尉八十畝，雲騎、武騎尉六十畝。散官五品以上給同職事官。五品以上受田寬鄉，六品以下受於本鄉。解免者追田，除名者受口分之田，襲爵者不別給。流內九品以上口分田終其身，六十以上停私乃收。

凡給田而無地者，畝給粟二斗。

京司及州縣皆有公廨田，供公私之費。其後以用度不足，京官有俸賜而已。諸司置公廨本錢，以番官貿易取息，計員多少爲月料。

貞觀初，百官得上考者，給祿一季。未幾，又詔得上下考給祿一年，出使者稟其家，新至官者計日給糧。中書舍人高季輔言：「外官卑品貧匱，宜給祿養親。」自後以地租春秋給京官，歲凡五十萬一千五百餘斛。外官降京官一等，一品以五十石爲一等，二品、三品以三十石爲一等，四品、五品以二十石爲一等，六品、七品以五石爲一等，八品、九品以二石五斗爲一等。無粟則以鹽爲祿。

十一年，以職田侵漁百姓，詔給逃還貧戶，視職田多少，每畝給粟二升，謂之「地子」。是歲，以水旱復罷之。

十二年，罷諸司公廨本錢，以天下上戶七千人爲胥士，視防閤制而收其課，計官多少而給之。十五年，復置公廨本錢，以諸司令史主之，號「捉錢令史」。每司九人，補於吏部，所主纔五萬錢以下，市肆販易，月納息錢四千，歲滿受官。諫議大夫褚遂良上疏：「京七十餘司，更一二載，捉錢令史六百餘人受職。太學高第，諸州進士，拔十取五，猶有犯禁罹法者，況廛肆之人，苟得無恥，不可使其居職。」太宗乃罷捉錢令史，復詔給百官俸。

十八年，以京兆府、岐、同、華、邠、坊州隙地陂澤可墾者，復給京官職田。

二十二年，置京諸司公廨本錢，捉以令史、府史、胥士。永徽元年，廢之，以天下租脚直爲京官俸料。其後又薄斂一歲稅，以高戶主之，月收息給俸。尋顓以稅錢給之，歲總十五萬二千七百三十緡。

一品月俸八千，食料一千八百，雜用一千二百。二品月俸六千五百，食料一千五百，雜用一千。三品月俸五千一百，雜用九百。四品月俸三千五百，食料、雜用七百。五品月俸三千，食料、雜用六百。六品月俸二千，食料、雜用四百。七品月俸一千七百五十，食料、雜用三百五十。八品月俸一千三百，食料三百，雜用二百五十。九品月俸一千五十，食料二百五十，雜用二百。行署月俸一百四十，食料三十。

職事官又有防閤、庶僕：一品防閤九十六人，二品七十二人，三品四十八人，四品三十二人，五品二十四人；六品庶僕十五人，七品四人，八品三人，九品二人。公主有邑士八十人，郡主六十人，縣主四十人。外官以州、府、縣上下中爲差，少尹、長史、司馬及丞減長官之半，參軍、博士減判司三之二，主簿、縣尉減丞三之二，錄事、市令以參軍職田爲輕重，京縣錄事以縣尉職田爲輕重。羈縻州官，給以土物。關監官，給以年支輕貨。折衝府官則有仗身：上府折衝都尉六人，果毅四人，長史、別將三人，兵曹二人，中、下府各減一人，皆十五日而代。開府儀同三司、特進、光祿大夫同職事官，公廨、雜用不給。員外官、檢校、判、試、知給祿料食糧之半，散官、勳官、衞官減四之一，致仕五品以上給半祿，解官充侍亦如之。四夷宿衞同京官。

天下置公廨本錢，以典史主之，收贏十之七，以供佐史以下不賦粟者常食，餘爲百官俸料。京兆、河南府錢三百八十萬，太原及四大都督府二百七十五萬，中都督府、上州二百四十二萬，下都督、中州一百五十四萬，下州八十八萬；京兆、河南府京縣一百四十三萬，太原府京縣九十一萬三千，京兆、河南府畿縣八十二萬五千，太原府畿縣、諸州上縣七十七萬，中縣五十五萬，中下縣、下縣三十八萬五千；折衝上府二十萬，中府減四之一，下府十萬。

麟德二年，給文官五品以上仗身，以掌閑、幕士爲之。咸亨元年，與職事官皆罷。乾封元年，京文武官視職事品給防閤、庶僕。

百官俸出於租調，運送之費甚廣。公廨出舉，典史有徹垣墉、鬻田宅以免責者。又以雜職供薪炭，納直倍於正丁。儀鳳三年，王公以下率口出錢，以充百官俸食防閤、庶僕、邑士、仗身、封戶。

調露元年，職事五品以上復給仗身。光宅元年，以京官八品、九品俸薄，詔八品歲給庶僕三人，九品二人。文武職事三品以上給親事、帳內。以六品、七品子爲親事，以八品、九品子爲帳內，歲納錢千五百，謂之「品子課錢」。三師、三公、開府儀同三司百三十人；嗣王、郡王百八人；上柱國領二品以上職事九十五人，領三品職事六十九人；柱國領二品以上職事七十三人，領三品職事五十五人；護軍領二品以上職事六十二人，領三品職事三十六人。二品以下又有白直、執衣：二品白直四十人，三品三十二人，四品二十四人，五品十六人，六品十人，七品七人，八品五人，九品四人；二品執衣十八人，三品十五人，四品十三人，五品九人，六品、七品各六人，八品、九品各三人。皆中男爲之。防閤、庶僕，皆滿歲而代。外官五品以上亦有執衣。都護府不治州事亦有仗身：都護四人，副都護、長史、司馬三人，諸曹參軍事二人，上鎭將四人，中下鎭將、上鎭副三人，中、下鎭副各二人，鎭倉曹、關令丞、戍主副各一人，皆取於防人衞士，十五日而代。宿衞官三品以上仗身三人，五品以上二人，六品以下及散官五品以上各一人，取於番上衞士，役而不收課。親王出藩者，府佐史、典軍、副典軍有事力人，數如白直。諸司、諸使有守當及廳子，以兵及勳官爲之。白直、執衣以下分三番，周歲而代，供役不踰境。後皆納課：仗身錢六百四十，防閤、庶僕、白直錢二千五百，執衣錢一千。其後親事、帳內亦納課如品子之數。

州縣典史捉公廨本錢者，收利十之七。富戶幸免徭役，貧者破產甚衆。祕書少監崔沔請計戶均出，每丁加升尺，所增蓋少；流亡漸復，倉庫充實，然後取於正賦，罷新加者。

開元十年，中書舍人張嘉貞又陳其不便，遂罷天下公廨本錢，復稅戶以給百官；籍內外職田，賦逃還戶及貧民；罷職事五品以上仗身。

十八年，復給京官職田。州縣籍一歲稅錢爲本，以高戶捉之，月收贏以給外官。復置天下公廨本錢，收贏十之六。十九年，初置職田頃畝簿，租價無過六斗，地不毛者畝給二斗。

二十四年，令百官防閤、庶僕俸食雜用以月給之，總稱月俸：一品錢三萬一千，二品二萬四千，三品萬七千，四品萬一千五百六十七，五品九千二百，六品五千三百，七品四千一百，八品二千四百七十五，九品千九百一十七。祿米則歲再給之：一品七百斛，從一品六百斛，二品五百斛，從二品四百六十斛，三品四百斛，從三品三百六十斛，四品三百斛，從四品二百五十斛，五品二百斛，從五品百六十斛，六品百斛，自此十斛爲率，至從七品七十斛，八品六十七斛，自此五斛爲率，至從九品五十二斛。外官降一等。

先是州縣無防人者，籍十八以上中男及殘疾以守城門及倉庫門，謂之門夫。番上不至者，閒月督課，爲錢百七十，忙月二百。至是以門夫資課給州縣官。

二十九年，以京畿地狹，計丁給田猶不足，於是分諸司官在都者，給職田於都畿，以京師地給貧民。是時河南、北職田兼稅桑，有詔公廨、職田有桑者，毋督絲課。

天寶初，給員外郎料，天下白直歲役丁十萬，有詔罷之，計數加稅以供用，人皆以爲便。

自開元後，置使甚衆，每使各給雜錢。宰相楊國忠身兼數官，堂封外月給錢百萬。幽州平盧節度使安祿山、隴右節度使哥舒翰兼使所給，亦不下百萬。

十二載，國忠以兩京百官職田送租勞民，請五十里外輸于縣倉，斗納直二錢，百里外納直三錢，使百官就請于縣，然縣吏欺盜蓋多，而閑司有不能自直者。十四載，兩京九品以上月給俸加十之二，同正員加十之一。兵興，權臣增領諸使，月給厚俸，比開元制祿數倍。

至德初，以用物不足，內外官不給料錢，郡府縣官給半祿及白直、品子課。乾元元年，亦給外官半料及職田，京官給手力課而已。上元元年，復令京官職田以時輸送，受加耗者以枉法贓論。其後籍以爲軍糧矣。永泰末，取州縣官及折衝府官職田苗子三之一，市輕貨以賑京官。

大曆元年，斂天下青苗錢，得錢四百九十萬緡，輸大盈庫，封太府左、右藏，鐍而不發者累歲。二年，復給京兆府及畿縣官職田，以三之一供軍饟。增稅青苗錢，一畝至三十。權臣月俸有至九十萬者，刺史亦至十萬。楊綰、常衮爲相，增京官正員官及諸道觀察使、都團練使、副使以下料錢。初，檢校官同中書門下平章事者，月給錢十二萬。至是戶部侍郎判度支韓滉請同正官，從高而給之。文官一千八百五十四員，武官九百四十二員，月俸二十六萬緡，而增給者居三之一。

先是，州縣職田、公廨田，每歲六月以白簿上尙書省覆實；至十月輸送，則有黃籍，歲一易之。後不復簿上，唯授租清望要官，而職卑者稽留不付，黃籍亦不復更矣。德宗卽位，詔黃籍與白簿皆上有司。

建中三年，復減百官料錢以助軍。李泌爲相，又增百官及畿內官月俸，復置手力資課，歲給錢六十一萬六千餘緡，文官千八百九十二員，武官八百九十六員。左右衞上將軍以下又有六雜給：一曰糧米，二曰鹽，三曰私馬，四曰手力，五曰隨身，六曰春冬服。私馬則有芻豆，手力則有資錢，隨身則有糧米、鹽，春冬服則有布、絹、絁、紬、綿，射生、神策軍大將軍以下增以鞋，比大曆制祿又厚矣。州縣官有手力雜給錢，然俸最薄者也。

李泌以度支有兩稅錢，鹽鐵使有筦榷錢，可以擬經費，中外給用，每貫墊二十，號「戶部除陌錢」。復有闕官俸料、職田錢，積戶部，號「戶部別貯錢」。御史中丞專掌之，皆以給京官，歲費不及五十五萬緡。京兆和糴，度支給諸軍冬衣，亦往往取之。減王公以下永業田：郡王、職事官從一品田五十頃，國公、職事官正二品田四十頃，郡公、職事官從二品田三十頃，縣公、職事官正四品田十四頃，職事官從四品田十一頃。以郡主檢校四品京官者月給料錢三十萬，祿百二十石。以縣主檢校五品京官者料錢二十萬，祿百石。

自李泌增百官俸，當時以爲不可復削矣，然有名存而職廢、額去而俸在者。宰相李吉甫建議減之，遂爲常法。

于時祠祭、蕃夷賜宴、別設，皆長安、萬年人吏主辦，二縣置本錢，配納質積戶收息以供費。諸使捉錢者，給牒免傜役，有罪府縣不敢劾治。民間有不取本錢，立虛契，子孫相承為之。嘗有毆人破首，詣閑廄使納利錢受牒貸罪。御史中丞柳公綽奏諸使捉錢戶，府縣得捕役，給牒者毀之，自是不得錢者不納利矣。議者以兩省、尚書省、御史臺總樞機，正百寮，而倍稱息利，非馭官之體。

元和九年，戶部除陌錢每緡增墊五錢，四時給諸司諸使之餐，置驅使官督之，御史一人覈其侵漁，起明年正月，收息五之一，號「元和十年新收置公廨本錢」。

初，捉錢者私增公廨本，以防耗失，而富人乘以為姦，可督者私之，外以逋官錢迫蹙閭里，民不堪其擾。御史中丞崔從奏增錢者不得踰官本。其後兩省捉錢，官給牒逐利江淮之間，鬻茶鹽以撓法。十三年，以職田多少不均，每司收草粟以多少為差。其後宰相李珏、楊嗣復奏堂廚食利錢擾民煩碎，於是罷堂廚捉錢官，置庫量入計費。

唐世百官俸錢，會昌後不復增減，今著其數：太師、太傅、太保，錢二百萬。太尉、司徒、司空，百六十萬。侍中，百五十萬。中書令，門下中書侍郎，左右僕射，太子太師、太保、太傅，百四十萬。尚書，御史大夫，太子少師、少保、少傅，百萬。節度使，三十萬。都防禦使、副使，監軍，十五萬。觀察使，十萬。左右丞，侍郎，散騎常侍，諫議大夫，給事中，中書舍人，祕書、殿中、內侍監，御史中丞，太常、宗正、大理、司農、太府、鴻臚、太僕、光祿、衞尉卿，國子祭酒，將作、少府監，太子賓客、詹事，諸府尹，大都督府長史，都團練使、副使，上州刺史，八萬。太常、宗正少卿，太子左右庶子，節度副使，刺史知軍事，七萬。六軍統軍，諸府少尹，少監，少卿，國子司業，少詹事，六萬五千。左右衞、金吾衞上將軍，六軍大將軍，六萬。左右驍衞、武衞、威衞、領軍衞、監門衞、千牛衞上將軍，上州別駕，五萬五千。郎中，司天監，太子左右諭德、家令寺、僕寺、率更寺令，親王傅，別敕判官，觀察、團練判官掌書記，上州長史、司馬，五萬。左右衞、金吾衞大將軍，懷化大將軍，諸府、大都督司錄參軍事，鴆赤縣令，四萬五千。員外郎，起居郎，通事舍人，起居舍人，著作郎，內常侍，侍御史，殿中侍御史，太常、宗正、殿中、祕書丞，大理正，國子博士，京都宮苑總監監，都水使者，太子中舍、中允，王府長史，歸德將軍，節度推官、支使，防禦判官，上州錄事參軍事，畿縣、上縣令，四萬。懷化中郎將，三萬七千。左右驍衞、武衞、威衞、領軍衞、監門衞、千牛衞、殿前左右射生軍、神策軍大將軍，左右衞、金吾衞將軍，三萬六千。補闕，殿中侍御史，諸府、大都督府判官，赤縣丞，三萬五千。懷化郎將，三萬二千。拾遺，司天少監，六局奉御，內常侍，監察御史，御史臺主簿，太常博士，陵署令，大理司直，中書主書，門下錄事，太子贊善、典內、洗馬、司議郎，王府司馬，驍衞、武衞、威衞、領軍衞、監門衞、六軍、射生、神策軍將軍，歸德中郎將，觀察防禦團練推官巡官，鵜赤縣丞，兩赤縣主簿、尉，上州功曹參軍以下，上縣丞，三萬。城門郎，祕書郎，著作佐郎，六局直長，十六衞、六軍、諸府、十率府長史，懷化司階，畿縣丞，鵜赤縣主簿、尉，二萬五千。歸德司階，二萬三千。五官正，太常寺協律郎，陵署丞，諸寺監主簿，國子、太學、廣文助教，都水監丞，詹事府司直，太子通事舍人、文學，三寺丞、五局郎，王府諮議參軍、友，畿縣上縣主簿尉，二萬。懷化中候，萬八千。十六衞六軍十率府率、副率、中郎、中郎將，萬七千三百五十。歸德中候，萬七千。四門助教，十六衞佐〔一〕，祕書省、崇文、弘文館校書郎、正字，太常寺奉禮郎、太祝，郊社、太樂、鼓吹署令，四門助教，京都宮苑總監副監，九成宮總監監、主事，十六衞、六軍衞佐，尙書省都事，萬六千。十六衞、六軍中候，太子內率府千牛，六千一百七十四。內寺伯，懷化司戈，諸府大都督府參軍事、文學、博士、錄事，上州參軍事、博士，萬五千。歸德司戈，萬四千。十六衞、六軍、十率府左右郎將，親王府典軍、副典軍，萬三千八百。司戈、內率府備身、僕寺進馬，三千七百一十二。符寶郎，內謁者監，九寺諸監，詹事府丞，太醫署令，太學、廣文、四門博士，中書門下主事，太子文學，侍醫，諸府、都督府醫博士、法直，兩赤縣錄事，上州錄事，市令，萬三千。懷化執戟長上，萬一千。門下省典儀，侍御醫，司天臺丞，都水監主簿，率府衞佐，諸司主事、御史臺主事，萬二千。司醫，太醫署丞，歸德執戟長上，一萬。醫佐，大理寺評事，太常宗正寺詹事府主簿、寺監，內侍省司天臺左右春坊詹事府錄事、主事，八千。司階，千牛備身左右，七千九百九十。京都園苑四面監監，兩京諸市、中尙、武庫、武成王廟署令，王府掾、屬、主簿、記室、錄事參軍事，七千。司天臺主簿、靈臺郎、保章正，上局署令，七品陵廟令，京都宮苑總監丞，司竹、溫泉監監，太子內坊丞，王府功曹以下參軍事，親王國令，公主邑司令，六千。奚官、內僕、內府局令，司竹、溫泉副監，五千。書、算、律學博士，內謁者，中局署令，上局署丞，五官挈壺正，京都園苑四面監、九成宮總監副監，醫、針博士，醫監，陵廟令，司竹、溫泉監丞，太子藥藏局丞，王府參軍事，王國大農，公主邑司丞，四千。獄丞，國子監直講，掌客，司儀，中局署丞，監膳，監作，監事，食醫，尙輦，進馬，奉乘，主乘，典乘，司庫，司廩，十六衞、十率府錄事，親、勳、翊府兵曹參軍事，司天臺司辰、司曆、監候，內坊典直，宮教博士，樂正，醫正，卜正，按摩、呪禁、卜博士，針、醫、卜、書、算助教，陵廟、太樂、鼓吹署丞，京都園苑四面監、九成宮總監丞，諸總監主簿，太子典膳、內直、典設、宮門局丞，三寺主簿，親王國尉、丞，三千。十六衞、六軍、十率府執戟、長上、左右中郎將〔三〕，二千八百五十。

校勘記

〔一〕四門助敎十六衞佐　下文又有四門助敎及十六衞、六軍衞佐，疑重出。按本卷叙百官俸錢，官名多有重複者，如殿中侍御史、內常侍、太子文學等，不一一出校。

〔二〕左右中郎將　張森楷校勘記云：「案百官志，衞府、率府並有中郎將，正四品，左右郎將，正五品，無左右中郎將也。上文中郎將列親王典軍前，卽是其事，安得降與執戟、長上同位，而又在其後乎？」

唐書卷五十六

志第四十六

刑法

古之爲國者，議事以制，不爲刑辟，懼民之知爭端也。後世作爲刑書，惟恐不備，俾民之知所避也。其爲法雖殊，而用心則一，蓋皆欲民之無犯也。然未知夫導之以德、齊之以禮，而可使民遷善遠罪而不自知也。

唐之刑書有四，曰：律、令、格、式。令者，尊卑貴賤之等數，國家之制度也；格者，百官有司之所常行之事也；式者，其所常守之法也。凡邦國之政，必從事於此三者。其有所違及人之爲惡而入于罪戾者，一斷以律。律之爲書，因隋之舊，爲十有二篇：一曰名例，二曰衞禁，三曰職制，四曰戶婚，五曰廄庫，六曰擅興，七曰賊盜，八曰鬭訟，九曰詐僞，十曰雜律，十一曰捕亡，十二曰斷獄。

其用刑有五：一曰笞。笞之爲言恥也；凡過之小者，捶撻以恥之。漢用竹，後世更以楚。書曰「扑作教刑」是也。二曰杖。杖者，持也；可持以擊也。書曰「鞭作官刑」是也。三曰徒。徒者，奴也；蓋奴辱之。周禮曰：其奴，男子入于罪隸，任之以事，寘之圜土而教之，量其罪之輕重，有年數而捨。四曰流。書云「流宥五刑」，謂不忍刑殺，宥之于遠也。五曰死。乃古大辟之刑也。

自隋以前，死刑有五，曰：罄、絞、斬、梟、裂。而流、徒之刑，鞭笞兼用，數皆踰百。至隋始定爲：笞刑五，自十至于五十；杖刑五，自六十至于百；徒刑五，自一年至于三年；流刑三，自一千里至于二千里；死刑二，絞、斬。除其鞭刑及梟首、轘裂之酷。又有議、請、減、贖、當、免之法。唐皆因之。然隋文帝性刻深，而煬帝昏亂，民不勝其毒。

唐興，高祖入京師，約法十二條，惟殺人、劫盜、背軍、叛逆者死。及受禪，命納言劉文靜等損益律令。武德二年，頒新格五十三條，唯吏受賕、犯盜、詐冒府庫物，赦不原。凡斷屠日及正月、五月、九月不行刑。四年，高祖躬錄囚徒，以人因亂冒法者衆，盜非劫傷其主及征人逃亡、官吏枉法，皆原之。已而又詔僕射裴寂等十五人更撰律令，凡律五百，麗以五十三條。流罪三，皆加千里；居作三歲至二歲半者悉爲一歲。餘無改焉。

太宗即位，詔長孫无忌、房玄齡等復定舊令，議絞刑之屬五十，皆免死而斷右趾。既而又哀其斷毀支體，謂侍臣曰：「肉刑，前代除之久矣，今復斷人趾，吾不忍也。」王珪、蕭瑀、陳叔達對曰：「受刑者當死而獲生，豈憚去一趾？去趾，所以使見者知懼。今以死刑爲斷趾，蓋寬之也。」帝曰：「公等更思之。」其後蜀王法曹參軍裴弘獻駁律令四十餘事，乃詔房玄齡與弘獻等重加删定。玄齡等以謂「古者五刑，刖居其一。及肉刑既廢，今以笞、杖、徒、流、死爲五刑，而又刖足，是六刑也」。於是除斷趾法，爲加役流三千里，居作二年。

太宗嘗覽明堂針灸圖，見人之五藏皆近背，針灸失所，則其害致死，歎曰：「夫箠者，五刑之輕；死者，人之所重。安得犯至輕之刑而或致死？」遂詔罪人無得鞭背。

五年，河內人李好德坐妖言下獄，大理丞張蘊古以爲好德病狂瞀，法不當坐。治書侍御史權萬紀劾蘊古相州人，好德兄厚德方爲相州刺史，故蘊古奏不以實。太宗怒，遽斬蘊古，既而大悔，因詔「死刑雖令即決，皆三覆奏」。久之，謂羣臣曰：「死者不可復生。昔王世充殺鄭頲而猶能悔，近有府史取賕不多，朕殺之，是思之不審也。決囚雖三覆奏，而頃刻之間，何暇思慮？自今宜二日五覆奏。」決日，尚食勿進酒肉，教坊太常輟教習，諸州死罪三覆奏，其日亦蔬食，務合禮撤樂、減膳之意。」

故時律，兄弟分居，蔭不相及，而連坐則俱死。同州人房彊以弟謀反當從坐，帝因錄囚爲之動容，曰：「反逆有二：興師動衆一也，惡言犯法二也。輕重固異，而鈞謂之反，連坐皆死，豈定法耶？」玄齡等議曰：「禮，孫爲父尸，故祖有蔭孫令，是祖孫重而兄弟輕。」於是令：反逆者，祖孫與兄弟緣坐，皆配沒；惡言犯法者，兄弟配流而已。玄齡等遂與法司增損隋律，降大辟爲流者九十二，流爲徒者七十一，以爲律；定令一千五百四十六條，以爲令；又删武德以來敕三千餘條爲七百條，以爲格；又取尙書省列曹及諸寺、監、十六衞計帳以爲式。

凡州縣皆有獄，而京兆、河南獄治京師，其諸司有罪及金吾捕者又有大理獄。京師之囚，刑部月一奏，御史巡行之。每歲立春至秋及大祭祀、致齊，朔望、上下弦、二十四氣、雨及夜未明，假日、斷屠月，皆停死刑。

京師決死，涖以御史、金吾，在外則上佐，餘皆判官涖之。五品以上罪論死，乘車就刑，大理正涖之，或賜死于家。凡囚已刑，無親屬者，將作給棺，瘞于京城七里外，壙有甎銘，上揭以榜，家人得取以葬。

諸獄之長官，五日一慮囚。夏置漿飲，月一沐之；疾病給醫藥，重者釋械，其家一人入侍，職事散官三品以上，婦女子孫二人入侍。

天下疑獄讞大理寺不能決，尚書省衆議之，錄可爲法者送祕書省。奏報不馳驛。經覆而決者，刑部歲以正月遣使巡覆，所至，閱獄囚杻校、糧餉，治不如法者。

杻校鉗鎖皆有長短廣狹之制，量囚輕重用之。

囚二十日一訊，三訊而止，數不過二百。

凡杖，皆長三尺五寸，削去節目。訊杖，大頭徑三分二釐，小頭二分二釐。常行杖，大頭二分七釐，小頭一分七釐。笞杖，大頭二分，小頭一分有半。

死罪校而加杻，官品勳階第七者，鎖禁之。輕罪及十歲以下至八十以上者、廢疾、侏儒、懷妊皆頌繫以待斷。

居作者著鉗若校，京師隸將作，女子隸少府縫作。旬給假一日，臘、寒食二日，毋出役院。病者釋鉗校、給假，疾差陪役。謀反者男女奴婢沒爲官奴婢，隸司農，七十者免之。凡役，男子入于蔬圃，女子入于廚饎。

流移人在道疾病，婦人免乳，祖父母、父母喪，男女奴婢死，皆給假，授程糧。非反逆緣坐，六歲縱之，特流者三歲縱之，有官者得復仕。

初，太宗以古者斷獄，訊於三槐、九棘，乃詔：「死罪，中書、門下五品以上及尚書等平議之；三品以上犯公罪流，私罪徒，皆不追身。」凡所以纖悉條目，必本於仁恕。然自張蘊古之死也，法官以失出爲誡，有失入者，又不加罪，自是吏法稍密。帝以問大理卿劉德威，對曰：「律，失入減三等，失出減五等。今失入無辜，而失出爲大罪，故吏皆深文。」帝矍然，遂命失出入者皆如律，自此吏亦持平。

十四年，詔流罪無遠近皆徙邊要州。後犯者寖少。十六年，又徙死罪以實西州，流者戍之，以罪輕重爲更限。

廣州都督党仁弘嘗率鄉兵二千助高祖起，封長沙郡公。仁弘交通豪酋，納金寶，沒降獠爲奴婢，又擅賦夷人。既還，有舟七十。或告其贓，法當死。帝哀其老且有功，因貸爲庶人，乃召五品以上，謂曰：「賞罰所以代天行法，今朕寬仁弘死，是自弄法以負天也。人臣有過，請罪於君，君有過，宜請罪於天。其令有司設藁席于南郊三日，朕將請罪。」房玄齡等曰：「寬仁弘不以私而以功，何罪之請？」百僚頓首三請，乃止。

太宗以英武定天下，然其天姿仁恕。初即位，有勸以威刑肅天下者，魏徵以爲不可，因爲上言王政本於仁恩，所以愛民厚俗之意，太宗欣然納之，遂以寬仁治天下，而於刑法尤慎。四年，天下斷死罪二十九人。六年，親錄囚徒，閔死罪者三百九十人，縱之還家，期以明年秋即刑；及期，囚皆詣朝堂，無後者，太宗嘉其誠信，悉原之。然嘗謂羣臣曰：「吾聞語曰『一歲再赦，好人喑啞』。吾有天下未嘗數赦者，不欲誘民於幸免也。」自房玄齡等更定律、令、格、式，訖太宗世，用之無所變改。

高宗初卽位，詔律學之士撰律疏。又詔長孫无忌等增損格敕，其曹司常務曰留司格，頒之天下曰散頒格。龍朔、儀鳳中，司刑太常伯李敬玄、左僕射劉仁軌相繼又加刊正。武后時，內史裴居道、鳳閣侍郎韋方質等又删武德以後至于垂拱詔敕爲新格，藏於有司，曰垂拱留司格。神龍元年，中書令韋安石又續其後至於神龍，爲散頒格。睿宗卽位，戶部尙書岑羲等又著太極格。

玄宗開元三年，黃門監盧懷愼等又著開元格。至二十五年，中書令李林甫又著新格，凡所損益數千條。明年，吏部尙書宋璟又著後格〔一〕，皆以開元名書。天寶四載，又詔刑部尙書蕭炅稍復增損之。

肅宗、代宗無所改造。至德宗時，詔中書門下選律學之士，取至德以來制敕奏讞，掇其可爲法者藏之，而不名書。

憲宗時，刑部侍郎許孟容等删天寶以後敕爲開元格後敕。

文宗命尙書省郎官各删本司敕，而丞與侍郎覆視，中書門下參其可否而奏之，爲大和格後敕。開成三年，刑部侍郎狄兼謩採開元二十六年以後至于開成制敕，刪其繁者，爲開成詳定格。宣宗時，左衞率府倉曹參軍張戣以刑律分類爲門，而附以格敕，爲大中刑律統類，詔刑部頒行之。

此其當世所施行而著見者，其餘有其書而不常行者，不足紀也。書曰：「愼乃出令。」蓋法令在簡，簡則明，行之在久，久則信，而中材之主，庸愚之吏，常莫克守之，而喜爲變革。至其繁積，則雖有精明之士不能徧習，而吏得上下以爲姦，此刑書之弊也。蓋自高宗以來，其大節鮮可紀，而格令之書，不勝其繁也。

高宗既昏懦，而繼以武氏之亂，毒流天下，幾至於亡。自永徽以後，武氏已得志，而刑濫矣。當時大獄，以尙書刑部、御史臺、大理寺雜按，謂之「三司」，而法吏以慘酷爲能，至不釋枷而笞棰以死者，皆不禁。律有杖百，凡五十九條，犯者或至死而杖未畢，乃詔除其四十九條，然無益也。武后已稱制，懼天下不服，欲制以威，乃修後周告密之法，詔官司受訊，有言密事者，馳驛奏之。自徐敬業、越王貞、琅邪王沖等起兵討亂，武氏益恐。乃引酷吏周興、來俊臣輩典大獄，與侯思止、王弘義、郭弘霸、李敬仁、康暐、衞遂忠等集告事數百人，共爲羅織，構陷無辜。自唐之宗室與朝廷之士，日被告捕，不可勝數，天下之人，爲之仄足，如狄仁傑、魏元忠等皆幾不免。左臺御史周矩上疏曰：「比姦憸告訐，習以爲常。推劾之吏，以深刻爲功，鑿空爭能，相矜以虐。泥耳囊頭，摺脅籤爪，縣髮燻耳，臥鄰穢溺，刻害支體，糜爛獄中，號曰『獄持』；閉絕食飲，晝夜使不得眠，號曰『宿囚』。殘賊威暴，取快目前。被誣者苟求得死，何所不至？爲國者以仁爲宗，以刑爲助，周用仁而昌，秦用刑而亡。願陛下緩刑用仁，天下幸甚！」武后不納。麟臺正字陳子昂亦上書切諫，不省。及周興、來俊臣等誅死，后亦老，其意少衰，而狄仁傑、姚崇、宋璟、王及善相與論垂拱以來酷濫之冤，太后感寤，由是不復殺戮。然其毒虐所被，自古未之有也。大足元年，乃詔法司及推事使敢多作辯狀而加語者，以故入論。中宗、韋后繼以亂敗。

玄宗自初即位，勵精政事，常自選太守、縣令，告戒以言，而良吏布州縣，民獲安樂；二十年間，號稱治平，衣食富足，人罕犯法。是歲刑部所斷天下死罪五十八人，往時大理獄，相傳鳥雀不栖，至是有鵲巢其庭樹，羣臣稱賀，以爲幾致刑錯。然而李林甫用事矣，自來俊臣誅後，至此始復起大獄，以誣陷所殺數十百人，如韋堅、李邕等皆一時名臣，天下冤之。而天子亦自喜邊功，遣將分出以擊蠻夷，兵數大敗，士卒死傷以萬計，國用耗乏，而轉漕輸送，遠近煩費，民力既弊，盜賊起而獄訟繁矣。天子方惻然，詔曰：「徒非重刑，而役者寒暑不釋械繫。杖，古以代肉刑也，或犯非巨蠹而棰以至死，其皆免，以配諸軍自效。民年八十以上及重疾有罪，皆勿坐。侍丁犯法，原之俾終養。」以此施德其民。然巨盜起，天下被其毒，民莫蒙其賜也。

安、史之亂，僞官陸大鈞等背賊來歸，及慶緒奔河北，脅從者相率待罪闕下，自大臣陳希烈等合數百人。以御史大夫李峴、中丞崔器等爲三司使，而肅宗方喜刑名，器亦刻深，乃以河南尹達奚珣等三十九人爲重罪，斬于獨柳樹者十一人，珣及韋恆腰斬，陳希烈等賜自盡於獄中者七人，其餘決重杖死者二十一人。以歲除日行刑，集百官臨視，家屬流竄。初，史思明、高秀巖等皆自拔歸命，聞珣等被誅，懼不自安，乃復叛。而三司用刑連年，流貶相繼。及王璵爲相，請詔三司推覈未已者，一切免之。然河北叛人畏誅不降，兵連不解，朝廷屢起大獄。肅宗後亦悔，歎曰：「朕爲三司所誤。」臨崩，詔天下流人皆釋之。

代宗性仁恕，常以至德以來用刑爲戒。及河、洛平，下詔河北、河南吏民任僞官者，一切不問。得史朝義將士妻子四百餘人，皆赦之。僕固懷恩反，免其家，不緣坐。劇賊高玉聚徒南山，啗人數千，後擒獲，會赦，代宗將貸其死，公卿議請爲葅醢，帝不從，卒杖殺之。諫者常諷帝政寬，故朝廷不肅。帝笑曰：「艱難時無以逮下，顧刑法峻急，有威無恩，朕不忍也。」即位五年，府縣寺獄無重囚。故時，別敕決人捶無數。寶應元年，詔曰：「凡制敕與一頓杖者，其數止四十；至到與一頓及重杖一頓、痛杖一頓者，皆止六十。」

德宗性猜忌少恩，然用刑無大濫。刑部侍郎班宏言：「謀反、大逆及叛、惡逆四者，十惡之大也，犯者宜如律。其餘當斬、絞刑者，決重杖一頓處死，以代極法。」故時，死罪皆先決杖，其數或百或六十，於是悉罷之。

憲宗英果明斷，自即位數誅方鎮，欲治僭叛，一以法度，然於用刑喜寬仁。是時，李吉甫、李絳爲相。吉甫言：「治天下必任賞罰，陛下頻降赦令，蠲逋負，賑飢民，恩德至矣。然典刑未擧，中外有懈怠心。」絳曰：「今天下雖未大治，亦未甚亂，乃古平國用中典之時。自古欲治之君，必先德化，至暴亂之世，始專任刑法。吉甫之言過矣。」憲宗以爲然。司空于頔亦諷帝用刑以收威柄，帝謂宰相曰：「頔懷姦謀，欲朕失人心也。」元和八年，詔：「兩京、關內、河東、河北、淮南、山南東西道死罪十惡、殺人、鑄錢、造印，若彊盜持仗劫京兆界中及它盜贓踰三匹者，論如故。其餘死罪皆流天德五城，父祖子孫欲隨者，勿禁。」蓋刑者，政之輔也。政得其道，仁義興行，而禮讓成俗，然猶不敢廢刑，所以爲民防也，寬之而已。今不隆其本、顧風俗謂何而廢常刑，是弛民之禁，啓其姦，由積水而決其防。故自玄宗廢徒杖刑，至是又廢死刑，民未知德，而徒以爲幸也。

穆宗童昏，然頗知愼刑法，每有司斷大獄，令中書舍人一人參酌而輕重之，號「參酌院」。大理少卿崔杞奏曰：「國家法度，高祖、太宗定制二百餘年矣。周禮正月布刑，張之門閭及都鄙邦國，所以屢丁寧，使四方謹行之。大理寺，陛下守法之司也。今別設參酌之官，有司定罪，乃議其出入，是與奪繫於人情，而法官不得守其職。昔子路問政，孔子曰：『必也正名乎。』臣以爲參酌之名不正，宜廢。」乃罷之。

大和六年，興平縣民上官興以醉殺人而逃，聞械其父，乃自歸。京兆尹杜悰、御史中丞宇文鼎以其就刑免父，請減死。詔兩省議，以爲殺人者死，百王所守；若許以生，是誘之殺人也。諫官亦以爲言。文宗以興免父囚，近於義，杖流靈州，君子以爲失刑。文宗好治，躬自謹畏，然閹宦肆孽不能制。至誅殺大臣，夷滅其族，濫及者不可勝數，心知其冤，爲之飲恨流涕，而莫能救止。蓋仁者制亂，而弱者縱之，然則剛彊非不仁，而柔弱者仁之賊也。

武宗用李德裕誅劉稹等，大刑舉矣，而性嚴刻。故時，竊盜無死，所以原民情迫於飢寒也，至是贓滿千錢者死，至宣宗乃罷之。而宣宗亦自喜刑名，常曰：「犯我法，雖子弟不宥也。」然少仁恩，唐德自是衰矣。

蓋自高祖、太宗除隋虐亂，治以寬平，民樂其安，重於犯法，致治之美，幾乎三代之盛時。考其推心惻物，其可謂仁矣！自高宗、武后以來，毒流邦家，唐祚絕而復續。玄宗初勵精爲政，二十年間，刑獄減省，歲斷死罪纔五十八人。以此見致治雖難，勉之則易，未有爲而不至者。自此以後，兵革遂興，國家多故，而人主規規，無復太宗之志。其雖有心於治者，亦不能講考大法，而性有寬猛，凡所更革，一切臨時苟且，或重或輕，徒爲繁文，不足以示後世。而高祖、太宗之法，僅守而存。故自肅宗以來，所可書者幾希矣；懿宗以後，無所稱焉。

校勘記

〔一〕至二十五年中書令李林甫又著新格凡所損益數千條明年吏部尙書宋璟又著後格　本書卷五八藝文志、舊書卷五〇刑法志及唐會要卷三九均載開元七年宋璟等著開元後格，開元二十五年李林甫等著開元新格。又本書卷一二四及舊書卷九六宋璟傳都說璟死于開元二十五年，何得於開元二十六年刪定格令？此處顯有舛訛。

唐書卷五十七

志第四十七

藝文一

自六經焚於秦而復出於漢，其師傳之道中絕，而簡編脫亂訛缺，學者莫得其本眞，於是諸儒章句之學興焉。其後傳注、箋解、義疏之流，轉相講述，而聖道粗明，然其爲說固已不勝其繁矣。至於上古三皇五帝以來世次，國家興滅終始，僭竊僞亂，史官備矣。而傳記、小說，外暨方言、地理、職官、氏族，皆出於史官之流也。自孔子在時，方脩明聖經以絀繆異，而老子著書論道德。接乎周衰，戰國遊談放蕩之士，田駢、愼到、列、莊之徒，各極其辯；而孟軻、荀卿始專脩孔氏，以折異端。然諸子之論，各成一家，自前世皆存而不絕也。夫王迹熄而詩亡，離騷作而文辭之士興。歷代盛衰，文章與時高下。然其變態百出，不可窮極，何其多也。自漢以來，史官列其名氏篇第，以爲六藝、九種、七略；至唐始分爲四類，曰經、史、子、集。而藏書之盛，莫盛於開元，其著錄者，五萬三千九百一十五卷，而唐之學者自爲之書者，又二萬八千四百六十九卷。嗚呼，可謂盛矣！

六經之道，簡嚴易直而天人備，故其愈久而益明。其餘作者衆矣，質之聖人，或離或合。然其精深閎博，各盡其術，而怪奇偉麗，往往震發於其間，此所以使好奇博愛者不能忘也。然凋零磨滅，亦不可勝數，豈其華文少實，不足以行遠歟？而俚言俗說，猥有存者，亦其有幸不幸者歟？今著于篇，有其名而亡其書者，十蓋五六也，可不惜哉。

初，隋嘉則殿書三十七萬卷，至武德初，有書八萬卷，重複相糅。王世充平，得隋舊書八千餘卷，太府卿宋遵貴監運東都，浮舟泝河，西致京師，經砥柱舟覆，盡亡其書。貞觀中，魏徵、虞世南、顏師古繼爲祕書監，請購天下書，選五品以上子孫工書者爲書手，繕寫藏于內庫，以宮人掌之。玄宗命左散騎常侍、昭文館學士馬懷素爲脩圖書使，與右散騎常侍、崇文館學士褚无量整比。會幸東都，乃就乾元殿東序檢校。无量建議：御書以宰相宋璟、蘇頲同署，如貞觀故事。又借民間異本傳錄。及還京師，遷書東宮麗正殿，置修書院於著作院。其後大明宮光順門外、東都明福門外，皆創集賢書院，學士通籍出入。既而太府月給蜀郡麻紙五千番，季給上谷墨三百三十六丸，歲給河間、景城、淸河、博平四郡兔千五百皮爲筆材。兩都各聚書四部，以甲、乙、丙、丁爲次，列經、史、子、集四庫。其本有正有副，軸帶帙籤皆異色以別之。

安祿山之亂，尺簡不藏。元載爲相，奏以千錢購書一卷，又命拾遺苗發等使江淮括訪。至文宗時，鄭覃侍講，進言經籍未備，因詔祕閣搜採，於是四庫之書復完，分藏于十二庫。黃巢之亂，存者蓋尠。昭宗播遷，京城制置使孫惟晟斂書本軍，寓教坊於祕閣，有詔還其書，命監察御史韋昌範等諸道求購，及徙洛陽，蕩然無遺矣。

甲部經錄，其類十一：一曰易類，二曰書類，三曰詩類，四曰禮類，五曰樂類，六曰春秋類，七曰孝經類，八曰論語類，九曰讖緯類，十曰經解類，十一曰小學類。凡著錄四百四十家，五百九十七部，六千一百四十五卷。不著錄一百一十七家，三千三百六十卷。

連山十卷

司馬膺注歸藏十三卷

周易卜商傳二卷

孟喜章句十卷

京房章句十卷

費直章句四卷

馬融章句十卷
荀爽章句十卷
鄭玄注周易十卷
劉表注五卷
董遇注十卷
宋忠注十卷
王肅注十卷
王弼注七卷
又大衍論三卷
虞翻注九卷
陸績注十三卷
姚信注十卷
荀煇注十卷
蜀才注十卷
王廙注十卷

干寶注十卷
又爻義一卷
黃穎注十卷
崔浩注十卷
崔覲注十三卷
何胤注十卷
盧氏注十卷
傅氏注十四卷
王又玄注十卷
王凱沖注十卷
荀氏九家集解十卷
馬、鄭、二王集解十卷
王弼、韓康伯注十卷
二王集解十卷
張璠集解十卷

又略論一卷
謝萬注繫辭二卷
桓玄注繫辭二卷
荀諺注繫辭二卷
荀柔之注繫辭二卷
宋褰注繫辭二卷
宋明帝注義疏二十卷
張該等羣臣講易疏二十卷
梁武帝大義二十卷
又大義疑問二十卷
蕭偉發義一卷
又幾義一卷
蕭子政義疏十四卷
又繫辭義二卷
張譏講疏三十卷

何妥講疏十三卷
褚仲都講疏十六卷
梁蕃文句義疏二十卷
又開題論序疏十卷
釋序義三卷
劉瓛繫辭義疏二卷
又乾坤義疏一卷
鍾會周易論四卷
范氏周易論四卷
應吉甫明易論一卷
鄒湛統略論三卷
阮長成、阮仲容難答論二卷
宋處宗通易論一卷
宣聘通易象論一卷
欒肇通易象論一卷

袁宏略譜一卷

楊乂卦序論一卷

沈熊周易譜一卷

雜音三卷

任希古注周易十卷

周易正義十六卷國子祭酒孔穎達顏師古司馬才章王恭、太學博士馬嘉運、太學助教趙乾叶王談于志寧等奉詔撰，四門博士蘇德融趙弘智覆審。

陸德明周易文句義疏二十四卷

文外大義二卷

陰弘道周易新傳疏十卷顥子，臨渙令。

薛仁貴周易新注本義十四卷

王勃周易發揮五卷

玄宗周易大衍論三卷

李鼎祚集注周易十七卷

東鄉助周易物象釋疑一卷

僧一行周易論卷亡。

又大衍玄圖一卷

義決一卷

大衍論二十卷

崔良佐易忘象卷亡。

元載集注周易一百卷

李吉甫注一行易卷亡。

衛元嵩元包十卷蘇源明傳，李江注。

高定周易外傳二十二卷郢子，京兆府參軍。

裴通易書一百五十卷字又玄，士淹子，文宗訪以易義，令進所撰書。

盧行超易義五卷字孟起，大中六合丞。

陸希聲周易傳二卷

右易類七十六家，八十八部，六百六十五卷。失姓名一家，李鼎祚以下不著錄十一家，三百二十九卷。

古文尚書孔安國傳十三卷

謝沈注十三卷

王肅注十卷

又釋駁五卷

范甯注十卷

李顒集注十卷

又新釋二卷

要略二卷

姜道盛集注十卷

徐邈注逸篇三卷

伏勝注大傳三卷

又暢訓一卷

劉向洪範五行傳論十一卷

馬融傳十卷

王肅孔安國問答三卷

鄭玄注古文尚書九卷

又注釋問四卷王粲問，田瓊、韓益正。

呂文優義注三卷

伊說釋義四卷

顧歡百問一卷

巢猗百釋三卷

又義疏十卷

費甝義疏十卷

任孝恭古文大義二十卷

蔡大寶義疏三十卷

劉焯義疏三十卷

顧彪古文音義五卷

又文外義一卷

劉炫述義二十卷

王儉音義四卷

王玄度注尚書十三卷

今文尚書十三卷　開元十四年，玄宗以洪範「無偏無頗」聲不協，詔改爲「無偏無陂」。天寶三載，又詔集賢學士衞包改古文從今文。

尚書正義二十卷　國子祭酒孔穎達、太學博士王德韶、四門助教李子雲等奉詔撰。四門博士朱長才、蘇德融、太學助教隋德素、四門助教王士雄趙弘智覆審。太尉揚州都督長孫无忌、司空李勣、左僕射于志寧、右僕射張行成、吏部尚書侍中高季輔、吏部尚書褚遂良、中書令柳奭、弘文館學士谷那律劉伯莊、太學博士賈公彥范義頵齊威、太常博士柳士宣孔志約、四門博士趙君贊、右內率府長史弘文館直學士薛伯珍、國子助教史士弘、太學助教鄭祖玄周玄達、四門助教李玄植王眞儒與王德韶、隋德素等刊定。

王元感尚書糾繆十卷

穆元休洪範外傳十卷

陳正卿續尚書　纂漢至唐十二代詔策、章疏、歌頌、符檄、論議成書，開元末上之。卷亡。

崔良佐尚書演範　卷亡。

右書類二十五家，三十三部，三百六卷。王元感以下不著錄四家，二十卷。

韓詩卜商序韓嬰注二十二卷
又外傳十卷
卜商集序二卷
又翼要十卷
毛萇傳十卷
鄭玄箋毛詩詁訓二十卷
又譜三卷
王肅注二十卷
又雜義駁八卷
問難二卷
葉遵注二十卷號葉詩。
崔靈恩集注二十四卷
義注五卷

劉楨義問十卷
王基毛詩駁五卷
毛詩雜答問五卷
雜義難十卷
孫毓異同評十卷
楊乂毛詩辨三卷
陳統難孫氏詩評四卷
又表隱二卷
元延明誼府三卷
張氏義疏五卷
陸璣草木鳥獸魚蟲疏二卷
謝沈釋義十卷
劉氏序義一卷

劉炫述義三十卷

魯世達音義二卷

鄭玄等諸家音十五卷

王玄度注毛詩二十卷

毛詩正義四十卷孔穎達、王德韶、齊威等奉詔撰，趙乾叶、四門助教賈普曜趙弘智等覆正。

許叔牙毛詩纂義十卷

成伯璵毛詩指說一卷

又斷章二卷

毛詩草木蟲魚圖二十卷開成中，文宗命集賢院脩撰幷繪物象，大學士楊嗣復、學士張次宗上之。

右詩類二十五家，三十一部，三百二十二卷。失姓名三家，許叔牙以下不著錄三家，三十三卷。

大戴德禮記十三卷

又喪服變除一卷

鄭玄注小戴聖禮記二十卷

又禮議二十卷

禮記音三卷曹耽解。

三禮目錄一卷

注周官十三卷

音三卷

注儀禮十七卷

喪服變除一卷

注喪服紀一卷

盧植注小戴禮記二十卷

馬融周官傳十二卷
又注喪服記一卷
王肅注小戴禮記三十卷
又注周官十二卷
注儀禮十七卷
音二卷
喪服要記一卷
注喪服紀一卷
鄭小同禮記義記四卷
袁準注儀禮一卷
孔倫注一卷
陳銓注一卷
蔡超宗注二卷
田僧紹注二卷
傅玄周官論評十二卷陳邵駁。
杜預喪服要集議三卷
賀循喪服譜一卷
又喪服要記五卷謝徽注。
干寶注周官十二卷
又答周官駁難五卷孫略問。
李軌小戴禮記音二卷
尹毅音二卷
徐邈音三卷
徐爰音二卷
司馬伷周官寧朔新書八卷
又禮記寧朔新書二十卷並王懋約注。
戴顒月令章句十二卷
又中庸傳二卷
緱氏要鈔六卷
王逡之注喪服五代行要記十卷

徐廣禮論問答九卷
范甯禮問九卷
又禮論答問九卷
射慈小戴禮記音二卷
又喪服天子諸侯圖一卷
崔游喪服圖一卷
蔡謨喪服譜一卷
喪服要難一卷趙成問，袁祈答。
伊說注周官十卷
孫炎注禮記三十卷
葉遵注十二卷
董勛問禮俗十卷
劉儁禮記評十卷
吳商雜禮義十一卷
何承天禮論三百七卷
顏延之禮逆降議三卷
任預禮論條牒十卷
又禮論帖三卷
禮論鈔六十六卷
庾蔚之禮記略解十卷
又注喪服要記五卷
禮論鈔二十卷
王儉禮儀答問十卷
又禮雜答問十卷
喪服古今集記三卷
荀萬秋禮雜鈔略二卷
傅隆禮議一卷
梁武帝禮大義十卷
周捨禮疑義五十卷
何佟之禮記義十卷

又禮答問十卷
戚壽雜禮義問答四卷
賀瑒禮論要鈔一百卷
賀述禮統十二卷
崔靈恩周官集注二十卷
又三禮義宗三十卷
元延明三禮宗略二十卷
皇侃禮記講疏一百卷
又義疏五十卷
喪服文句義十卷
沈重周禮義疏四十卷
又禮記義疏四十卷
熊安生義疏四十卷
劉芳義證十卷
沈文阿喪服經傳義疏四卷
又喪服發題二卷
夏侯伏朗三禮圖十二卷
禮記隱二十六卷
禮類聚十卷
禮儀雜記故事十一卷
禮統郊祀六卷
禮論要鈔十三卷
區分十卷
禮論鈔略十三卷
禮記正義七十卷孔穎達、國子司業朱子奢、國子助教李善信、賈公彥、柳士宣、范義頵、魏王參軍事張權等奉詔撰，與周玄達、趙君贊、王士雄、趙弘智覆審。
賈公彥禮記正義八十卷
又周禮疏五十卷
儀禮疏五十卷

魏徵次禮記二十卷亦曰類禮。

王玄度周禮義決三卷

又注禮記二十卷

元行沖類禮義疏五十卷

御刊定禮記月令一卷　集賢院學士李林甫、陳希烈、徐安貞、直學士劉光謙、齊光乂、陸善經、脩撰官史玄晏、待制官梁令瓚等注解。自第五易爲第一。

成伯璵禮記外傳四卷

王元感禮記繩愆三十卷

王方慶禮經正義十卷

禮雜問答十卷

李敬玄禮論六十卷

張鎰三禮圖九卷

陸質類禮二十卷

韋彤五禮精義十卷

丁公著禮志十卷

禮記字例異同一卷元和十三年詔定。

丘敬伯五禮異同十卷

孫玉汝五禮名義十卷

杜肅禮略十卷

張頻禮粹二十卷

右禮類六十九家，九十六部，一千八百二十七卷。失姓名七家，元行沖以下不著錄十六家，二百九十五卷。

桓譚樂元起二卷
又琴操二卷
孔衍琴操二卷
荀勗太樂雜歌辭三卷
又太樂歌辭二卷
樂府歌詩十卷
謝靈運新錄樂府集十一卷
信都芳刪注樂書九卷
留進管絃記十二卷
凌秀管絃志十卷
公孫崇鍾磬志二卷
梁武帝樂社大義十卷
又樂論三卷
沈重鍾律五卷
釋智匠古今樂錄十三卷

鄭譯樂府歌辭八卷
又樂府聲調六卷
蘇夔樂府志十卷
李玄楚樂經三十卷
元殷樂略四卷
又聲律指歸一卷
翟子樂府歌詩十卷
又三調相和歌辭五卷
劉氏、周氏琴譜四卷
陳懷琴譜二十一卷
漢魏吳晉鼓吹曲四卷
琴集歷頭拍簿一卷
外國伎曲三卷
又一卷
論樂事二卷

歷代曲名一卷
推七音一卷
十二律譜義一卷
鼓吹樂章一卷
李守眞古今樂記八卷
蕭吉樂譜集解二十卷
武后樂書要錄十卷
趙邪利琴敍譜九卷
張文收新樂書十二卷
劉貺太樂令壁記三卷
徐景安歷代樂儀三十卷
崔令欽教坊記一卷
吳兢樂府古題要解一卷
郗昂樂府古今題解三卷一作王昌齡。
段安節樂府雜錄一卷文昌孫。

竇璡正聲樂調一卷
玄宗金風樂一卷
蕭祐無射商九調譜一卷
趙惟暕琴書三卷
陳拙大唐正聲新址琴譜十卷
呂渭廣陵止息譜一卷
李良輔廣陵止息譜一卷
李約東杓引譜一卷勉子，兵部員外郎。
齊嵩琴雅略一卷
王大力琴聲律圖一卷
陳康士琴譜十三卷字安道，僖宗時人。
又琴調四卷
琴譜一卷
離騷譜一卷
趙邪利琴手勢譜一卷

南卓羯鼓錄一卷

右樂類三十一家，三十八部，二百五十七卷。失姓名九家，張文收以下不著錄二十家，九十三卷。

左丘明春秋外傳國語二十卷

董仲舒春秋繁露十七卷

春秋穀梁傳十五卷尹更始注。

春秋公羊傳五卷嚴彭祖述。

賈逵春秋左氏長經章句二十卷

又解詁三十卷

春秋三家訓詁十二卷

董遇左氏經傳章句三十卷

王肅注三十卷

又國語章句二十二卷

王朗注左氏十卷

士燮注春秋經十一卷

杜預左氏經傳集解三十卷

又釋例十五卷

音三卷

鄭衆牒例章句九卷

潁容釋例七卷

劉寔條例十卷

方範經例六卷

何休左氏膏肓十卷鄭玄箴。

又公羊解詁十三卷

春秋漢議十卷麋信注，鄭玄駁。

公羊條傳一卷

墨守一卷鄭玄發。

穀梁廢疾三卷鄭玄釋，張靖箋〔一〕。

服虔左氏解誼三十卷

又膏肓釋痾五卷

春秋成長說七卷

塞難三卷

音隱一卷

駁何氏春秋漢議十一卷

王玢達長義一卷

孫毓左氏傳義注三十卷

又賈服異同略五卷

梁簡文帝左氏傳例苑十八卷

干寶春秋義函傳十六卷

序論一卷

殷興左氏釋滯十卷

何始眞春秋左氏區別十二卷

張沖春秋左氏義略三十卷

嚴彭祖春秋圖七卷

吳略春秋經傳詭例疑隱一卷

京相璠春秋土地名三卷

王延之旨通十卷

顧啓期大夫譜十一卷

李謐叢林十二卷

崔靈恩立義十卷

申先儒傳例十卷

沈宏經傳解六卷

又文苑六卷

嘉語六卷
沈文阿義略二十七卷
劉炫攻昧十二卷
又規過三卷
述議三十七卷
高貴鄉公左氏音三卷
曹耽、荀訥音四卷
李軌音三卷
孫邈音三卷
王元規音三卷
孔氏公羊集解十四卷
王愆期注公羊十二卷
又難答論一卷庾翼難。
高龔傳記十二卷
荀爽、徐欽答問五卷

劉寔左氏牒例二十卷
又公羊違義三卷劉晏注。
王儉音二卷
春秋穀梁傳段肅注十三卷
唐固注穀梁十二卷
又注國語二十一卷
麋信注穀梁十二卷
又左氏傳說要十卷
張靖集解十一卷
程闡經傳集注十六卷
孔衍訓注十三卷
范甯集注十二卷
徐乾注十三卷
徐邈注十二卷
又傳義十卷

音一卷

沈仲義集解十卷

蕭邕問傳義三卷

劉兆三家集解十一卷

韓益三傳論十卷

胡訥集撰三傳經解十一卷

又三傳評十卷

潘叔度春秋成集十卷〔三〕

又合三傳通論十卷

江熙公羊穀梁二傳評三卷

李鉉春秋二傳異同十二卷

虞翻注國語二十一卷

韋昭注二十一卷

孔鼂解二十一卷

春秋辨證明經論六卷

左氏音十二卷

左氏鈔十卷

春秋辭苑五卷

雜義難五卷

左氏杜預評二卷

春秋正義三十六卷孔穎達、楊士勛、朱長才奉詔撰。馬嘉運、王德韶、蘇德融與隋德素覆審。

楊士勛穀梁疏十二卷

王玄度注春秋左氏傳卷亡。

盧藏用春秋後語十卷

高重春秋纂要四十卷字文明，士廉五代孫，文宗時翰林侍講學士。帝好左氏春秋，命重分諸國各爲書，別名經傳要略。歷國子祭酒。

許康佐等集左氏傳三十卷一作文宗御集。

徐文遠左傳義疏六十卷

又左傳音三卷

陰弘道春秋左氏傳序一卷

李氏三傳異同例十三卷開元中，右威衞錄事參軍，失名。

馮伉三傳異同三卷

劉軻三傳指要十五卷

韋表微春秋三傳總例二十卷

王元感春秋振滯二十卷

韓滉春秋通一卷

陸質集注春秋二十卷

又集傳春秋纂例十卷

春秋微旨二卷

春秋辨疑七卷

樊宗師春秋集傳十五卷

春秋加減一卷元和十三年，國子監脩定。

李瑾春秋指掌十五卷

張傑春秋圖五卷

又春秋指元十卷

裴安時左氏釋疑七卷字適之，大中江陵少尹。

第五泰左傳事類二十卷字伯通，青州益都人，咸通鄂州文學。

成玄公穀總例十卷字又玄，咸通山陽令。

陸希聲春秋通例三卷

陳岳折衷春秋三十卷唐末鍾傳江西從事。

郭翔春秋義鑑三十卷

柳宗元非國語二卷

右春秋類六十六家，一百部，一千一百六十三卷。失姓名五家，王玄度以下不著錄二十二家，四百三卷。

古文孝經孔安國傳一卷
劉邵注一卷
孝經王肅注一卷
鄭玄注一卷
韋昭注一卷
孫熙注一卷
蘇林注一卷
謝萬注一卷
虞盤佐注一卷
孔光注一卷
殷仲文注一卷
殷叔道注一卷
徐整默注二卷

車胤講孝經義四卷
荀勗講孝經集解一卷
皇侃義疏三卷
何約之大明中皇太子講義疏一卷
梁武帝疏十八卷
太史叔明發題四卷
劉炫述義五卷
張士儒演孝經十二卷
應瑞圖一卷
賈公彥孝經疏五卷
魏克己注孝經一卷
任希古越王孝經新義十卷
今上孝經制旨一卷玄宗。

元行沖御注孝經疏二卷
尹知章注孝經一卷
孔穎達孝經義疏卷亡。
王元感注孝經一卷
李嗣眞孝經指要一卷
平貞昚孝經議卷亡。
徐浩廣孝經十卷浩稱四明山人，乾元二年上，授校書郎。

右孝經類二十七家，三十六部，八十二卷。失姓名一家，尹知章以下不著錄六家，一十三卷。

論語鄭玄注十卷
又注論語釋義一卷
論語篇目弟子一卷
王弼釋疑二卷
王肅注論語十卷
又注孔子家語十卷
李充注論語十卷
梁覬注十卷
孟釐注九卷
袁喬注十卷
尹毅注十卷
張氏注十卷
何晏集解十卷
孫綽集解十卷
盈氏集義十卷
江熙集解十卷

徐氏古論語義注譜一卷

虞喜贊鄭玄論語注十卷

暢惠明義注十卷

宋明帝補衞瓘論語注十卷

欒肇論語釋十卷

又駮二卷

崔豹大義解十卷

繆播旨序二卷

郭象體略二卷

戴詵述議二十卷

劉炫章句二十卷

皇侃疏十卷

褚仲都講疏十卷

義注隱三卷

雜義十三卷

剔義十卷

徐邈音二卷

孔叢七卷

王勃次論語十卷

賈公彥論語疏十五卷

韓愈注論語十卷

張籍論語注辨二卷

右論語類三十家，三十七部，三百二十七卷。失姓名三家，韓愈以下不著錄二家，十二卷。

宋均注易緯九卷

注詩緯十卷

注禮緯三卷
注樂緯三卷
注春秋緯三十八卷
注論語緯十卷
注孝經緯五卷
鄭玄注書緯三卷
注詩緯三卷

右讖緯類二家，九部，八十四卷。

劉向五經雜義七卷
又五經通義九卷
五經要義五卷
許慎五經異義十卷鄭玄駁。
譙周五經然否論五卷
楊方五經鉤沉十卷
楊思五經咨疑八卷
元延明五經宗略四十卷
劉炫五經正名十二卷
沈文阿經典玄儒大義序錄十卷
班固等白虎通義六卷
鄭玄六藝論一卷
鄭志九卷
鄭記六卷
王肅聖證論十一卷
梁武帝孔子正言二十卷

簡文帝長春義記一百卷

樊文深七經義綱略論三十卷

又質疑五卷

張譏游玄桂林二十卷

謚法三卷　荀顗演，劉熙注。

沈約謚例十卷

賀琛謚法三卷

集天名稱三卷

陸德明經典釋文三十卷

顏師古匡謬正俗八卷

趙英五經對訣四卷　英，龍朔中汲令。

劉迅六說五卷

劉貺六經外傳三十七卷

張鎰五經微旨十四卷

韋表微九經師授譜一卷

裴僑卿微言注集二卷　開元中鄭縣尉。

高重經傳要略十卷

王彥威續古今謚法十四卷

慕容宗本五經類語十卷　字泰初，幽州人，大中時。

劉氏經典集音三十卷　鎔，字正範，絳州正平人，咸通晉州長史。

右經解類十九家，二十六部，三百八十一卷。失姓名一家，趙英以下不著錄十家，一百二十七卷。

爾雅李巡注三卷
樊光注六卷
孫炎注六卷
沈琁集注十卷
郭璞注一卷
又圖一卷
音義一卷
江灌圖贊一卷
又音六卷
李軌解小爾雅一卷
楊雄別國方言十三卷
劉熙釋名八卷
韋昭辨釋名一卷
李斯等三蒼三卷郭璞解。
杜林蒼頡訓詁二卷

張揖廣雅四卷
又埤蒼三卷
三蒼訓詁三卷
雜字一卷
古文字訓二卷
樊恭廣蒼一卷
史游急就章一卷曹壽解。
顏之推注一卷
司馬相如凡將篇一卷
班固在昔篇一卷
太甲篇一卷
蔡邕聖草章一卷
又勸學篇一卷
今字石經論語二卷
崔瑗飛龍篇篆草勢合三卷

許愼說文解字十五卷
呂忱字林七卷
楊承慶字統二十卷
馮幹括字苑十三卷
賈魴字屬篇一卷
葛洪要用字苑一卷
戴規辨字一卷
僧寶誌文字釋訓三十卷
周成解文字七卷
王延雜文字音七卷
王氏文字要說一卷
阮孝緒文字集略一卷
彭立文字辨嫌一卷
王愔文字志三卷
顧野王玉篇三十卷

李登聲類十卷
呂靜韻集五卷
陽休之韻略一卷
又辨嫌音二卷
夏侯詠四聲韻略十三卷
張諒四聲部三十卷
趙氏韻篇十二卷
陸慈切韻五卷
郭訓字旨篇一卷
古文奇字二卷
衞宏詔定古文字書一卷
虞龢法書目錄六卷
衞恆四體書勢一卷
蕭子雲五十二體書一卷
庾肩吾書品一卷

顏之推筆墨法一卷
僧正度雜字書八卷
何承天纂文三卷
顏延之纂要六卷
又詁幼文三卷
張推證俗音三卷
顏愍楚證俗音略一卷
李虔續通俗文二卷
李少通俗語難字一卷
諸葛潁桂苑珠叢一百卷
朱嗣卿幼學篇一卷
項峻始學篇十二卷
王羲之小學篇一卷
楊方少學集十卷
顧凱之啓疑三卷

蕭子範千字文一卷
周興嗣次韻千字文一卷
演千字文五卷
黃初篇一卷
吳章篇一卷
音隱四卷
難要字三卷
覽字知源三卷
字書十卷
敍同音三卷
桂苑珠叢略要二十卷
古今八體六文書法一卷
古來篆隸詁訓名錄一卷
筆墨法一卷
鹿紙筆墨疏一卷

篆書千字文一卷

今字石經易篆三卷

今字石經尚書本五卷

今字石經鄭玄尚書八卷

三字石經尚書古篆三卷

今字石經毛詩三卷

今字石經儀禮四卷

三字石經左傳古篆書十二卷

今字石經左傳經十卷

今字石經公羊傳九卷

蔡邕今字石經論語二卷

曹憲爾雅音義二卷

又博雅十卷

文字指歸四卷

劉伯莊續爾雅一卷

顏師古注急就章一卷

武后字海一百卷凡武后所著書，皆元萬頃、范履冰、苗神客、周思茂、胡楚賓、衞業等撰。

李嗣眞書後品一卷

徐浩書譜一卷

古跡記一卷

張懷瓘書斷三卷開元中翰林院供奉。

又評書藥石論一卷

張敬玄書則一卷貞元中處士。

褚長文書指論一卷

張彥遠法書要錄十卷弘靖孫，乾符初大理卿。

裴行儉草字雜體卷亡。

荆浩筆法記一卷浩稱洪谷子。

二王、張芝、張昶等書一千五百一十卷太宗出御府金帛購天下古本，命魏徵、虞世南、褚遂良定眞僞，凡得羲之眞行二百九十紙，爲八十卷，又得獻之、張芝等書，以「貞觀」字爲印。草跡命遂良楷書小字以影之。其古本多梁、隋官書。梁則滿騫、徐僧權、沈熾文、朱异，隋則江總、姚察署記〔三〕。帝令魏、褚卷尾各署名。開元五年，敕陸玄悌、魏哲、劉懷信檢校，分益卷秩。玄宗自書「開元」字爲印。

王方慶寶章集十卷

又王氏八體書範四卷

王氏工書狀十五卷

玄宗開元文字音義三十卷

張參五經文字三卷

唐玄度九經字樣一卷 文宗時待詔。

顏元孫干祿字書一卷

歐陽融經典分毫正字一卷

李騰說文字源一卷 陽冰從子。

僧慧力像文玉篇三十卷

蕭鈞韻音二十卷

孫愐唐韻五卷

武元之韻銓十五卷

玄宗韻英五卷 天寶十四載撰，詔集賢院寫付諸道採訪使，傳布天下。

顏眞卿韻海鏡源三百六十卷

李舟切韻十卷

僧猷智辨體補脩加字切韻五卷

右小學類六十九家，一百三部，七百二十一卷。失姓名二十三家，徐浩以下不著錄二十三家，二千四十五卷。

校勘記

〔一〕張竫籛　「籛」，各本作「成」，據隋書卷三二經籍志、冊府卷六〇五改。

〔二〕潘叔度春秋成集十卷　「集」，隋書卷三二經籍志、通志卷六三作「奪」。

〔三〕隋則江總姚察署記　各本原無「則江」二字。唐會要卷三五作「隋則江總、姚察署記」。按陳書卷二七有江總姚察合傳，謂江總「每有制作，必先以簡察」。此當以唐會要爲正，據補。

唐書卷五十八

志第四十八

藝文二

乙部史錄，其類十三：一曰正史類，二曰編年類，三曰僞史類，四曰雜史類，五曰起居注類，六曰故事類，七曰職官類，八曰雜傳記類，九曰儀注類，十曰刑法類，十一曰目錄類，十二曰譜牒類，十三曰地理類。凡著錄五百七十一家，八百五十七部，一萬六千八百七十四卷；不著錄三百五十八家，一萬二千三百二十七卷。

司馬遷史記一百三十卷

裴駰集解史記八十卷

徐廣史記音義十三卷

鄒誕生史記音三卷

班固漢書一百一十五卷
服虔漢書音訓一卷
應劭漢書集解音義二十四卷
諸葛亮論前漢事一卷
又音一卷
孟康漢書音義九卷
晉灼漢書集注十四卷
又音義十七卷
韋昭漢書音義七卷
崔浩漢書音義二卷
孔氏漢書音義鈔二卷孔文祥。
劉嗣等漢書音義二十六卷
夏侯泳漢書音二卷
包愷漢書音十二卷
蕭該漢書音十二卷

陰景倫漢書律曆志音義一卷
項岱漢書敍傳八卷
劉寶漢書駁義二卷
陸澄漢書新注一卷
韋稜漢書續訓二卷
姚察漢書訓纂三十卷
顏游秦漢書決疑十二卷
僧務靜漢書正義三十卷
李喜漢書辨惑三十卷〔一〕
漢書正名氏義十二卷
漢書英華八卷
劉珍等東觀漢記一百二十六卷
又錄一卷
謝承後漢書一百三十卷
又錄一卷

薛瑩後漢記一百卷
司馬彪續漢書八十三卷
又錄一卷
劉義慶後漢書五十八卷
華嶠後漢書三十一卷
謝沈後漢書一百二卷
又外傳十卷
袁山松後漢書一百一卷
又錄一卷
范曄後漢書九十二卷
又論贊五卷
劉昭補注後漢書五十八卷
張瑩漢南紀五十八卷
劉熙注范曄後漢書一百二十二卷
蕭該後漢書音三卷
劉芳後漢書音一卷
臧兢後漢書音三卷
王沈魏書四十七卷
陳壽魏國志三十卷
蜀國志十五卷
吳國志二十一卷並裴松之注。
韋昭吳書五十五卷
王隱晉書八十九卷
虞預晉書五十八卷
朱鳳晉書十四卷
謝靈運晉書三十五卷
又錄一卷
臧榮緒晉書一百一十卷
干寶晉書二十二卷
蕭子雲晉書九卷

何法盛晉中興書八十卷

徐爰宋書四十二卷

孫嚴宋書五十八卷

沈約宋書一百卷

王智深宋書三十卷

魏收後魏書一百三十卷

魏澹後魏書一百七卷

李德林北齊未修書二十四卷

王劭齊志十七卷

又隋書八十卷

蕭子顯齊書六十卷

劉陟齊書十三卷

謝昊、姚察梁書三十四卷

顧野王陳書二卷

傅縡陳書三卷

許子儒注史記一百三十卷

又音三卷字文舉，叔牙子也。證聖天官侍郎、潁川縣男。

劉伯莊史記音義二十卷

御銓定漢書八十七卷高宗與郝處俊等撰。

顧胤漢書古今集義二十卷

顏師古注漢書一百二十卷

章懷太子賢注後漢書一百卷賢命劉訥言、格希玄等注。

韋機後漢書音義二十七卷

晉書一百三十卷房玄齡、褚遂良、許敬宗、來濟、陸元仕、劉子翼、令狐德棻、李義府、薛元超、上官儀、崔行功、李淳風、辛丘馭、劉引之、陽仁卿、李延壽、張文恭、敬播、李安期、李懷儼、趙弘智等脩，而名爲御撰。

姚思廉梁書五十六卷

陳書三十六卷皆魏徵等同撰。

張大素後魏書一百卷

又北齊書二十卷

隋書三十二卷

李百藥北齊書五十卷

令狐德棻後周書五十卷

隋書八十五卷

志三十卷顏師古、孔穎達、于志寧、李淳風、韋安化、李延壽與德棻、敬播、趙弘智、魏徵等撰。

王元感注史記一百三十卷

徐堅注史記一百三十卷

李鎮注史記一百三十卷開元十七年上，授門下典儀。

又義林二十卷

陳伯宣注史記一百三十卷貞元中上。

韓琬續史記一百三十卷

司馬貞史記索隱三十卷開元潤州別駕。

劉伯莊又撰史記地名二十卷

漢書音義二十卷

張守節史記正義三十卷

竇羣史記名臣疏三十四卷

敬播注漢書四十卷

又漢書音義十二卷

元懷景漢書議苑卷亡。開元右庶子，武陵縣男。謚曰文。

姚珽漢書紹訓四十卷

沈遵漢書問答五卷

李善漢書辨惑二十卷

徐堅晉書一百一十卷

高希嶠注晉書一百三十卷開元二十年上，授清池主簿。

何超晉書音義三卷處士。

武德貞觀兩朝史八十卷長孫无忌、令狐德棻、顧胤等撰。

吳兢又齊史十卷

梁史十卷

陳史五卷

周史十卷

隋史二十卷

唐書一百卷

又一百三十卷兢、韋述、柳芳、令狐峘、于休烈等撰。

國史一百六卷

又一百一十三卷

裴安時史記纂訓二十卷

又元魏書三十卷字適之，大中江陵少尹。

凡集史五家，六部，一千二百二十二卷。

梁武帝通史六百二卷

李延壽南史八十卷

又北史一百卷

高氏小史一百二十卷高峻，初六十卷，其子迥釐益

高峻以下不著錄三家，四百四十卷。

之。峻，元和中人。

劉氏洞史二十卷劉權，忠州刺史晏曾孫。

姚康復統史三百卷大中太子詹事。

右正史類七十家，九十部，四千八十五卷。失姓名二家，王元感以下不著錄二十三家，一千七百九十卷。總七十三家，六十九部。

紀年十四卷汲冢書。

荀悅漢紀三十卷

應劭等注荀悅漢紀三十卷

崔浩漢紀音義三卷

侯瑾漢皇德紀三十卷

張璠後漢紀三十卷

袁宏後漢紀三十卷

張緬後漢略二十七卷

劉艾漢靈獻二帝紀六卷

袁曄漢獻帝春秋十卷

樂資山陽公載記十卷

習鑿齒漢晉春秋五十四卷

魏武本紀四卷

孫盛魏武春秋二十卷

又晉陽秋二十二卷

魏澹魏紀十二卷

梁祚魏書國紀十卷

環濟吳紀十卷

陸機晉帝紀四卷

干寶晉紀二十二卷

劉協注干寶晉紀六十卷

劉謙之晉紀二十卷

曹嘉之晉紀十卷
徐廣晉紀四十五卷
鄧粲晉紀十一卷
又晉陽秋三十二卷
檀道鸞晉春秋二十卷
蕭景暢晉史草三十卷
郭季產晉續紀五卷
晉錄五卷
王智深宋紀三十卷
裴子野宋略二十卷
鮑衡卿宋春秋二十卷
王琰宋春秋二十卷
沈約齊紀二十卷
吳均齊春秋三十卷
謝昊梁典三十九卷
劉璠梁典三十卷
何之元梁典三十卷
蕭韶梁太清紀十卷
皇帝紀七卷
梁末代記一卷
臧嚴棲鳳春秋五卷
姚最梁昭後略十卷
北齊記二十卷
王劭北齊志十七卷
趙毅隋大業略記三卷
杜延業晉春秋略二十卷
張大素隋後略十卷
柳芳唐曆四十卷
續唐曆二十二卷韋澳、蔣偕、李荀、張彥遠、崔瑄撰，崔龜從監脩。

吳兢唐春秋三十卷

韋述唐春秋三十卷

陸長源唐春秋六十卷

陳嶽唐統紀一百卷

焦璐唐朝年代記十卷徐州從事，龐勛亂遇害。

李仁實通曆七卷

馬摠通曆十卷

王氏五位圖十卷王起。

廣五運圖卷亡。

苗台符古今通要四卷宣、懿時人。

賈欽文古今年代曆一卷大中時人。

曹圭五運錄十二卷

張敦素建元曆二卷

劉軻帝王曆數謌一卷字希仁，元和末進士第，洺州刺史。

封演古今年號錄一卷天寶末進士第。

韋美嘉號錄一卷中和中進士。

柳璨正閏位曆三卷

李匡文兩漢至唐年紀一卷昭宗時宗正少卿。

右編年類四十一家，四十八部，九百四十七卷。失姓名四家，柳芳以下不著錄十九家，三百五十五卷。

常璩華陽國志十三卷

又漢之書十卷

蜀李書九卷
和包漢趙紀十四卷
田融趙石記二十卷
又二石記二十卷
苻朝雜記一卷
王度、隨翽二石僞事六卷
二石書十卷
范亨燕書二十卷
王景暉南燕錄六卷
張詮南燕書十卷
高閭燕志十卷
段龜龍涼記十卷
西河記二卷
張諮涼記十卷
劉昞涼書十卷
又燉煌實錄二十卷
裴景仁秦記十一卷杜惠明注。
拓拔涼錄十卷
桓玄僞事二卷
鄴洛鼎峙記十卷
守節先生天啓紀十卷
崔鴻十六國春秋一百二十卷
蕭方三十國春秋三十卷
李槩戰國春秋二十卷
蔡允恭後梁春秋十卷
武敏之三十國春秋一百卷

右僞史類一十七家，二十七部，五百四十二卷。失姓名三家。

古文瑣語四卷
汲冢周書十卷
子貢越絕書十六卷
孔晁注周書八卷
何承天春秋前傳十卷
又春秋前傳雜語十卷
樂資春秋後傳三十卷
孟儀注周載三十卷
趙曄吳越春秋十二卷
楊方吳越春秋削煩五卷
吳越記六卷
劉向戰國策三十二卷
高誘注戰國策三十二卷
延篤戰國策論一卷

陸賈楚漢春秋九卷
衞颯史記要傳十卷
張瑩史記正傳九卷
譙周古史考二十五卷
王粲漢書英雄記十卷
葛洪史記鈔十四卷
又漢書鈔三十卷
後漢書鈔三十卷
張緬後漢書略二十五卷
又晉書鈔三十卷
范曄後漢書纘十三卷
孔衍春秋時國語十卷
又春秋後國語十卷
漢尚書十卷

漢春秋十卷
後漢尙書六卷
後漢春秋六卷
後魏尙書十四卷
後魏春秋九卷
王越客後漢文武釋論二十卷
袁希之漢表十卷
張温三史要略三十卷
阮孝緒正史削繁十四卷
王延秀史要二十八卷
蕭肅合史二十卷
又錄一卷
王蔑史漢要集二卷
司馬彪九州春秋九卷
後漢雜事十卷

魚豢魏略五十卷
孫壽魏陽秋異同八卷
魏武本紀年曆五卷
王隱删補蜀記七卷
張勃吳錄三十卷
李槩左史六卷
胡沖吳朝人士品秩狀八卷
又吳曆六卷
虞禹吳士人行狀名品二卷
虞溥江表傳五卷
徐衆三國評三卷
王濤三國志序評三卷
傅暢晉諸公讚二十二卷
晉曆二卷
荀綽晉後略五卷

賈匪之漢魏晉帝要紀三卷
郭頒魏晉代說十卷
謝綽宋拾遺錄十卷
孔思尙宋齊語錄十卷
陰僧仁梁撮要三十卷
宋孝王關東風俗傳六十三卷
來奧帝王本紀十卷
環濟帝王略要十二卷
劉滔先聖本紀十卷
楊曄華夷帝王紀三十七卷
張愔等帝系譜二卷
韋昭洞紀四卷
皇甫謐帝王代紀十卷
又年曆六卷
何茂林續帝王代紀十卷

帝王代紀十六卷
曆紀十卷
姚恭年曆帝紀二十六卷
吉文甫十五代略十卷
代譜四十八卷周武帝敕撰。
諸葛耽帝錄十卷
庾和之歷代記三十卷
熊襄十代記十卷
盧元福帝王編年錄五十一卷
又共和以來甲乙紀年二卷
趙弘禮王業曆二卷
周樹洞曆記九卷
徐整三五曆紀二卷
又通曆二卷
雜曆五卷

孔衍國志曆五卷
長曆十四卷
千年曆二卷
許氏千歲曆三卷
陶弘景帝王年曆五卷
羊瑗分王年曆五卷
王嘉拾遺錄三卷
又拾遺記十卷蕭綺錄。
周祇崇安記二卷
王韶之崇安記十卷
鮑衡卿乘輿飛龍記二卷
蕭大圓淮海亂離志四卷
李仁實通曆七卷
裴矩隋開業平陳記十二卷
褚无量帝王紀錄三卷

皇甫遵吳越春秋傳十卷
盧彥卿後魏紀三十三卷
劉允濟魯後春秋二十卷
丘悅三國典略三十卷
元行沖魏典三十卷
員半千三國春秋二十卷
李筌閫外春秋十卷
李吉甫六代略三十卷
張絢古五代新記二卷
許嵩建康實錄二十卷
柳氏自備三十卷柳仲郢。
鄭暐史儁十卷
呂才隋記二十卷
丘啓期隋記十卷開元管城尉。
杜寶大業雜記十卷

杜儒童隋季革命記五卷武后時人。
劉氏行年記二十卷劉仁軌。
崔良佐三國春秋卷亡。良佐，深州安平人，日用從子。居共白鹿山，門人謚曰貞文孝父。
裴遵度王政記
楊岑皇王寶運錄並卷亡。岑，憲宗時人。
功臣錄三十卷
唐穎稽典一百三十卷開元中，穎罷臨汾尉，上之。張說奏留史館脩史，兼集賢待制。
王彥威唐典七十卷
吳兢唐書備闕記十卷
續皇王寶運錄十卷韋昭度、楊涉撰。
韓祐續古今人表十卷開元十七年上，授太常寺太祝。
張薦宰輔傳略卷亡。
蔣乂大唐宰輔錄七十卷
又淩煙功臣、秦府十八學士、史臣等傳四十卷
淩璠唐錄政要十二卷昭宗時江都尉。
南卓唐朝綱領圖一卷字昭嗣，大中黔南觀察使。
薛璫唐聖運圖二卷
劉肅大唐新語十三卷元和中江都主簿。
李肇國史補三卷翰林學士，坐薦柏耆，自中書舍人左遷將作少監。
林恩補國史十卷僖宗時進士。
傳載一卷
史遺一卷
温大雅今上王業記六卷
李延壽太宗政典三十卷
吳兢太宗勳史一卷

又貞觀政要十卷

李康明皇政錄十卷

鄭處誨明皇雜錄二卷

鄭棨開天傳信記一卷

温畬天寶亂離西幸記一卷

宋巨明皇幸蜀記一卷

姚汝能安祿山事迹三卷華陰尉。

包諝河洛春秋二卷安祿山、史思明事。

徐岱奉天記一卷德宗西狩事。

崔光庭德宗幸奉天錄一卷

趙元一奉天錄四卷

張讀建中西狩錄十卷字聖用，僖宗時吏部侍郎。

袁皓興元聖功錄三卷

谷況燕南記三卷張孝忠事。

路隋平淮西記一卷

杜信史略三十卷

又閑居錄三十卷

鄭澥涼國公平蔡錄一卷字蘊士，李愬山南東道掌書記，開州刺史。

薛圖存河南記一卷李師道事。

李潛用乙卯記一卷李訓、鄭注事。

大和摧兇記一卷

野史甘露記二卷

開成紀事二卷

李石開成承詔錄二卷

李德裕次柳氏舊聞一卷

又文武兩朝獻替記三卷

會昌伐叛記一卷

上黨紀叛一卷劉從諫事。

韓昱壺關錄三卷

裴廷裕東觀奏記三卷大順中，詔修宣、懿、僖實錄，以日曆注記亡缺，因摭宣宗政事奏記於監修國史杜讓能。廷裕，字膺餘，昭宗時翰林學士、左散騎常侍，貶湖南，卒。

令狐澄貞陵遺事二卷綯子也。乾符中書舍人。

柳玭續貞陵遺事一卷

鄭言平剡錄一卷裘甫事。言，字垂之，浙西觀察使王式從事，咸通翰林學士、戶部侍郎。

張雲咸通解圍錄一卷字景之，一字瑞卿，起居舍人。

鄭樵彭門紀亂三卷龐勛事。

王坤驚聽錄一卷黃巢事。

郭廷誨廣陵妖亂志三卷高駢事。

乾寧會稽錄一卷董昌事。

韓偓金鑾密記五卷

王振汴水滔天錄一卷昭宗時拾遺。

公沙仲穆大和野史十卷起大和，盡龍紀。

右雜史類八十八家，一百七部，一千八百二十八卷。失姓名八家，元行沖以下不著錄六十八家，八百六十一卷。

郭璞穆天子傳六卷

漢獻帝起居注五卷

李軌晉泰始起居注二十卷

又晉咸寧起居注二十二卷

晉太康起居注二十二卷
晉永平起居注八卷
晉咸和起居注十八卷
晉咸康起居注二十二卷
劉道薈晉起居注三百二十卷
晉建武大興永昌起居注二十二卷
晉建元起居注四卷
晉永和起居注二十四卷
晉升平起居注十卷
晉隆和興寧起居注五卷
晉太和起居注六卷
晉咸安起居注三卷
晉寧康起居注六卷
晉太元起居注五十二卷
晉崇寧起居注十卷

晉元興起居注九卷
晉義熙起居注三十四卷
晉元熙起居注二卷
何始眞晉起居鈔五十一卷
晉起居注鈔二十四卷
宋永初起居注六卷
宋景平起居注三卷
宋元嘉起居注七十一卷
宋孝建起居注十七卷
宋大明起居注十五卷
後魏起居注二百七十六卷
齊永明起居注二十五卷
梁大同七年起居注十卷
陳起居注四十一卷
隋開皇元年起居注六卷

王逡之三代起居注鈔十五卷
流別起居注四十七卷
温大雅大唐創業起居注三卷
開元起居注三千六百八十二卷失撰人名。
姚璹脩時政記四十卷

凡實錄二十八部，三百四十五卷。劉知幾以下不著錄四百五十七卷。

周興嗣梁皇帝實錄二卷
謝吳梁皇帝實錄五卷
梁太淸實錄十卷
高祖實錄二十卷敬播撰，房玄齡監脩，許敬宗删改。
今上實錄二十卷敬播、顧胤撰，房玄齡監脩。
長孫无忌貞觀實錄四十卷
許敬宗皇帝實錄三十卷
高宗後脩實錄三十卷初，令狐德棻撰，止乾封，劉知幾、吳兢續成。
韋述高宗實錄三十卷
武后高宗實錄一百卷
則天皇后實錄二十卷魏元忠、武三思、祝欽明、徐彥伯、柳沖、韋承慶、崔融、岑羲、徐堅撰，劉知幾、吳兢删正。
宗秦客聖母神皇實錄十八卷
吳兢中宗實錄二十卷
劉知幾太上皇實錄十卷
吳兢睿宗實錄五卷
張說今上實錄二十卷說與唐穎撰，次玄宗開元初事。

開元實錄四十七卷失撰人名。

玄宗實錄一百卷令狐峘撰，元載監修。

肅宗實錄三十卷元載監修。

令狐峘代宗實錄四十卷

沈既濟建中實錄十卷

德宗實錄五十卷蔣乂、樊紳、林寶、韋處厚、獨孤郁撰，裴垍監修。

順宗實錄五卷韓愈、沈傳師、宇文籍撰，李吉甫監修。

憲宗實錄四十卷沈傳師、鄭澣、宇文籍、蔣係、李漢、陳夷行、蘇景胤撰，杜元穎、韋處厚、路隋監修。景胤，弁子也，中書舍人。

穆宗實錄二十卷蘇景胤、王彥威、楊漢公、蘇滌、裴休撰，路隋監修。滌，字玄獻，冕子也，荊南節度使、吏部尚書。

敬宗實錄十卷陳商、鄭亞撰，李讓夷監修。商，字述聖，禮部侍郎、祕書監。

文宗實錄四十卷盧耽、蔣偕、王渢、盧告、牛叢撰，魏謩監修。耽，字子嚴，一字子重，歷西川節度使、同中書門下平章事。渢，字中德，歷東都留守。告，字子有，弘宣子也，歷吏部侍郎。

武宗實錄三十卷韋保衡監修。

凡詔令一家，一十一部，三百五卷。失姓名十家，溫彥博以下不著錄十一家，二百二十二卷。

晉雜詔書一百卷

又二十八卷

又六十六卷

晉詔書黃素制五卷

晉定品雜制一卷
晉太元副詔二十一卷
晉崇安元興大亨副詔八卷
晉義熙詔二十二卷
宋永初詔六卷
宋元嘉詔二十一卷
宋幹詔集區別二十七卷
溫彥博古今詔集三十卷
李義府古今詔集一百卷

薛克構聖朝詔集三十卷
唐德音錄三十卷
太平內制五卷
明皇制詔錄一卷
元和制集十卷
王起寫宣十卷
馬文敏王言會最五卷
唐舊制編錄六卷費氏集。
擬狀注制十卷

右起居注類六家，三十八部，一千二百七十二卷。失姓名二十六家，開元起居注以下不著錄三家，三千七百二十五卷。總七家，七十七部。

秦漢以來舊事八卷
漢武帝故事二卷

韋氏三輔舊事一卷
葛洪西京雜記二卷
建武故事三卷
永平故事二卷
應劭漢朝駁三十卷
漢諸王奏事十卷
漢魏吳蜀舊事八卷
魏名臣奏事三十卷
魏臺訪議三卷
魏廷尉決事十卷
南臺奏事九卷
晉太始太康故事八卷
孔愉晉建武咸和咸康故事四卷
晉建武以來故事三卷
晉氏故事三卷
晉朝雜事二卷
晉故事四十三卷
晉諸雜故事二十二卷
晉雜議十卷
晉要事三卷
晉宋舊事一百三十卷
車灌晉脩復山陵故事五卷
盧綝晉八王故事十二卷
又晉四王起事四卷
張敞晉東宮舊事十卷
范汪尚書大事二十一卷
華林故事名一卷
劉道薈先朝故事二十卷
交州雜故事九卷
中興伐逆事二卷

溫子昇魏永安故事三卷
蕭大圜梁魏舊事三十卷
僧亡名天正舊事三卷
應詹江南故事三卷
大司馬陶公故事三卷
郗太尉爲尚書令故事三卷
王愆期救襄陽上都府事一卷
春坊舊事三卷
武后述聖紀一卷
杜正倫春坊要錄四卷
王方慶南宮故事十二卷
裴矩鄴都故事十卷
馬揔唐年小錄八卷
張齊賢孝和中興故事三卷
盧若虛南宮故事三十卷

令狐德棻凌煙閣功臣故事四卷
敬播文貞公傳事四卷
劉禕之文貞公故事六卷
張大業魏文貞故事八卷
王方慶文貞公事錄一卷
李仁實衞公平突厥故事二卷
謝偃英公故事四卷
劉禕之英國貞武公故事四卷
陳諫等彭城公故事一卷劉晏。
張九齡事迹一卷
李渤事迹一卷
杜悰事迹一卷
吳湘事迹一卷
丘據相國涼公錄一卷李抱玉事。據，諫議大夫。

右故事類十七家，四十三部，四百九十六卷。失姓名二十五家，裴矩以下不著錄十六家，九十卷。

王隆漢官解詁三卷胡廣注。

應劭漢官五卷

漢官儀十卷

蔡質漢官典儀一卷

丁孚漢官儀式選用一卷

荀攸等魏官儀一卷

傅暢晉公卿禮秩故事九卷

百官名十四卷

干寶司徒儀注五卷

陸機晉惠帝百官名三卷

晉官屬名四卷

晉過江人士目一卷

衞禹晉永嘉流士二卷

登城三戰簿三卷

范曄百官階次一卷

荀欽明宋百官階次三卷

宋百官春秋六卷

魏官品令一卷

王珪之齊職官儀五十卷

徐勉梁選簿三卷

沈約梁新定官品十六卷

梁百官人名十五卷

陳將軍簿一卷

太建十一年百官簿狀二卷

郎楚之隋官序錄十二卷

王道秀百官春秋十三卷

郭演職令古今百官注十卷

陶彥藻職官要錄三十六卷

職員舊事三十卷

王方慶宮卿舊事一卷

六典三十卷 開元十年，起居舍人陸堅被詔集賢院脩「六典」，玄宗手寫六條，曰理典、教典、禮典、政典、刑典、事典。張說知院，委徐堅，經歲無規制，乃命毋煚、余欽、咸廙業、孫季良、韋述參撰。始以令式象周禮六官爲制。蕭嵩知院，加劉鄭蘭、蕭晟、盧若虛。張九齡知院，加陸善經。李林甫代九齡，加苑咸。二十六年書成。

王方慶又撰尚書考功簿五卷

又尚書考功狀績簿十卷

尚書科配簿五卷

五省遷除二十卷

裴行儉選譜十卷

唐循資格一卷天寶中定。

沈既濟選舉志十卷

梁載言具員故事十卷

又具員事迹十卷

杜英師職該二卷

任戩官品纂要十卷

温大雅大丞相唐王官屬記二卷

杜易簡御史臺雜注五卷

韓琬御史臺記十二卷

韋述御史臺記十卷

又集賢注記三卷

李構御史臺故事三卷

劉貺天官舊事一卷
柳芳大唐宰相表三卷
馬宇鳳池錄五十卷
賀蘭正元輔佐記十卷
又舉選衡鑑三卷昭義判官，貞元十三年上。
韋瑲國相事狀七卷憲宗時人。
張之緒文昌損益二卷德宗時人。
李肇翰林志一卷
李吉甫元和國計簿十卷
又元和百司舉要一卷
王涯唐循資格五卷
韋處厚大和國計二十卷
王彥威占額圖一卷
孫結大唐國照圖一卷文宗時人。
大唐國要圖五卷　左僕射賈耽纂，監察御史褚璆重脩。
翰林內誌一卷
楊鉅翰林學士院舊規一卷　字文碩，收子也。昭宗時翰林學士、吏部侍郎。

右職官類十九家，二十六部，二百六十二卷。失姓名十家，六典以下不著錄二十九家，二百八十卷。

趙岐三輔決錄十卷摯虞注。
魏文帝海內士品錄三卷

海內先賢傳五卷魏明帝時撰。
李氏海內先賢行狀三卷
韋氏四海耆舊傳一卷
諸國先賢傳一卷
圈稱陳留風俗傳三卷
蘇林陳留耆舊傳三卷
劉昞燉煌實錄二十卷
陳英宗陳留先賢傳像讚一卷
江敞陳留人物志十五卷
周斐汝南先賢傳五卷
陸胤志廣州先賢傳七卷
劉芳廣州先賢傳七卷
徐整豫章舊志八卷
又豫章烈士傳三卷
華隔廣陵烈士傳一卷

張勝桂陽先賢畫讚五卷
朱育會稽記四卷
虞預會稽典錄二十四卷
謝承會稽先賢傳七卷
賀氏會稽先賢傳像讚四卷
鍾離岫會稽後賢傳三卷
賀氏會稽太守像讚二卷
陸凱吳國先賢傳五卷
吳國先賢像讚三卷
陳壽益部耆舊傳十四卷
益州耆舊雜傳記二卷
白褒魯國先賢傳十四卷
張方楚國先賢傳十二卷
高範荊州先賢傳三卷
仲長統山陽先賢傳一卷

范瑗交州先賢傳四卷
習鑿齒襄陽耆舊傳五卷
又逸人高士傳八卷
王基東萊耆舊傳一卷
王義度徐州先賢傳九卷
又一卷
劉義慶徐州先賢傳讚八卷
劉彧長沙舊邦傳讚四卷
郭緣生武昌先賢傳三卷
虞溥江表傳三卷
崔蔚祖海岱志十卷
吳均吳郡錢塘先賢傳五卷
陽休之幽州古今人物志三十卷
留叔先東陽朝堂書讚一卷
濟北先賢傳一卷

廬江七賢傳一卷
零陵先賢傳一卷
蕭廣濟孝子傳十五卷
師覺授孝子傳八卷
王韶之孝子傳十五卷
又讚三卷
宗躬孝子傳二十卷
又止足傳十卷
虞盤佐孝子傳一卷
又高士傳二卷
徐廣孝子傳三卷
梁武帝孝子傳三十卷
雜孝子傳二卷
鄭緝之孝子傳讚十卷
中秀孝友傳八卷

元懌顯忠錄二十卷
嵇康聖賢高士傳八卷
皇甫謐高士傳十卷
又逸士傳一卷
玄晏春秋二卷
韋氏家傳三卷
周續之上古以來聖賢高士傳讚三卷
劉晝高才不遇傳四卷
周弘讓續高士傳八卷
張顯逸人傳三卷
鍾離儒逸人傳七卷
袁宏名士傳三卷
袁淑眞隱傳二卷
阮孝緒高隱傳十卷
劉向列士傳二卷
范晏陰德傳二卷
齊竟陵文宣王子良止足傳十卷
鍾岏良吏傳十卷
先儒傳五卷
殷系英藩可錄事三卷一云張萬賢撰。
鄭忱文林館記十卷
張騭文士傳五十卷
梁元帝孝德傳三十卷
又忠臣傳三十卷
全德志一卷
丹楊尹傳十卷
同姓名錄一卷
懷舊志九卷
裴懷貴兄弟傳三卷
悼善列傳四卷

劉昭幼童傳十卷

盧思道知己傳一卷

孫敏春秋列國名臣傳九卷

孔子弟子傳五卷

東方朔傳八卷

李固別傳七卷

梁冀傳二卷

郭沖諸葛亮隱沒五事一卷

何顒傳一卷

曹瞞傳一卷

毌丘儉記三卷

管辰管輅傳二卷

戴逵竹林七賢論二卷

孟仲暉七賢傳七卷

桓玄傳二卷

雜傳六十九卷

又四十卷

又九卷

任昉雜傳一百二十卷

荆揚二州遷代記四卷

元暉等祕錄二百七十卷

王孝恭集記一百卷

漢明帝畫讚五十卷

姚澹四科傳讚四卷

七國敍讚十卷

益州文翁學堂圖一卷

荀伯子荀氏家傳十卷

又薛常侍傳二卷

明氏世錄六卷明粲。

漢南庾氏家傳三卷庾守業。

褚氏家傳一卷褚結撰，褚陶注。

殷氏家傳三卷殷敬。

崔氏世傳七卷崔鴻。

邵氏家傳十卷

王氏家傳二十一卷

江氏家傳七卷江饒。

暨氏家傳一卷

虞氏家傳五卷虞覽。

裴氏家記三卷裴松之。

諸葛傳五卷

曹氏家傳一卷曹毗。

諸王傳一卷

陸史十五卷陸煦。

王劭尔朱氏家傳二卷

何妥家傳二卷

裴若弼家傳一卷

令狐德棻令狐家傳一卷

張大素燉煌張氏家傳二十卷

魏徵自古諸侯王善惡錄二卷

章懷太子列藩正論三十卷

鄭世翼交游傳二卷

李襲譽忠孝圖傳讚二十卷

許敬宗文館詞林文人傳一百卷

崔玄暐友義傳十卷

又義士傳十五卷

傅弈高識傳十卷

郎餘令孝子後傳三十卷

平貞昚養德傳卷亡。

徐堅大隱傳三卷

裴朏續文士傳十卷開元中懷州司馬。

李襲譽又撰江東記三十卷

李義府宦游記七十卷

王方慶友悌錄十五卷

又王氏訓誡五卷

王氏列傳十五卷

王氏尚書傳五卷

魏文貞故書十卷

唐臨冥報記二卷

李筌中台志十卷

盧詵四公記一卷一作梁載言。

王瓘廣軒轅本紀三卷

李渤六賢圖讚一卷

陸龜蒙小名錄五卷

張昌宗古文紀年新傳三卷昌宗，冀州南宮人，太子舍人。

王緒永寧公輔梁記十卷緒，開元人，僧辯兄孫也，永寧即僧辯所封。

賈閏甫李密傳三卷閏甫，密舊屬。

顏師古安興貴家傳卷亡。

陸氏英賢徵記三卷陸師儒。

李邕狄仁傑傳三卷

郭湜高氏外傳一卷力士。湜，大曆大理司直。

李翰張巡姚誾傳二卷

陳翃郭公家傳八卷子儀。翃嘗爲其寮屬，後又從事渾瑊河中幕。

殷亮顏氏家傳一卷杲卿。

殷仲容顏氏行狀一卷眞卿。

馬宇段公別傳二卷秀實。宇，元和祕書少監，史館脩撰。

李繁相國鄴侯家傳十卷

王起李趙公行狀一卷李吉甫。
張茂樞河東張氏家傳三卷弘靖孫。
崔氏唐顯慶登科記五卷失名。
姚康科第錄十六卷字汝諧，南仲孫也。兵部郎中，
金吾將軍。
李弈唐登科記二卷
文場盛事一卷
張鷟朝野僉載二十卷自號浮休子。
封氏聞見記五卷封演。
劉餗國朝傳記三卷
國朝舊事四十卷
蘇特唐代衣冠盛事錄一卷
李綽尚書故實一卷尚書即張延賞。
柳氏訓序一卷柳玭。
武平一景龍文館記十卷
蕭叔和天祚永歸記一卷睿宗事。
韋機西征記卷亡。
韓琬南征記十卷
凌準邠志二卷
陸贄遣使錄一卷
裴肅平戎記五卷休父。
房千里投荒雜錄一卷字鵠舉，大和初進士第，高州
刺史。
杜佑賓佐記一卷
文宗朝備問一卷
黃璞閩川名士傳一卷字紹山，大順中進士第。
魏徵祥瑞錄十卷
徐景玉璽正錄一卷
國寶傳一卷
許康佐九鼎記四卷

顏師古王會圖卷亡。

李德裕異域歸忠傳二卷

西蕃會盟記三卷

西戎記二卷

英雄錄一卷

趙玭孝行志二十卷字盈之，晉州岳陽人，會昌中。

武諠自古忠臣傳二十卷字子思，楚州盱眙人，咸通中州從事。

凡女訓十七家，二十四部，三百八十三卷。失姓名一家，王方慶以下不著錄五家，八十三卷。

劉向列女傳十五卷曹大家注。

皇甫謐列女傳六卷

綦毋邃列女傳七卷

劉熙列女傳八卷

趙母列女傳七卷

項宗列女後傳十卷

曹植列女傳頌一卷

孫夫人列女傳序讚一卷

杜預列女記十卷

虞通之后妃記四卷

又妬記二卷

諸葛亮貞絜記一卷

曹大家女誡一卷

辛德源、王劭等內訓二十卷

徐湛之婦人訓解集十卷

女訓集六卷

長孫皇后女則要錄十卷

魏徵列女傳略七卷

武后列女傳一百卷
又孝女傳二十卷
古今內範一百卷
內範要略十卷
保傅乳母傳七卷
鳳樓新誡二十卷
王方慶王氏女記十卷
又王氏王嬪傳五卷
續妬記五卷
尚宮宋氏女論語十篇
薛蒙妻韋氏續曹大家女訓十二章韋溫女。蒙，字中明，開成中進士第。
王摶妻楊氏女誡一卷

右雜傳記類一百二十五家，一百四十六部，一千六百五十六卷。失姓名十四家，崔玄暐以下不著錄五十一家，二千五百七十四卷。總一百四十七家，一百五十一部。

衞宏漢舊儀四卷
董巴大漢輿服志一卷
徐廣車服雜注一卷
又晉尚書儀曹新定儀注四十一卷
晉儀注三十九卷
傅瑗晉新定儀注四十卷

晉尙書儀曹吉禮儀注三卷
晉尙書儀曹事九卷
晉雜儀注二十一卷
宋尙書儀注三十六卷
宋儀注二卷
張鏡宋東宮儀記二十三卷
嚴植之南齊儀注二十八卷
又梁皇帝崩凶儀十一卷
梁皇太子喪禮五卷
梁王侯以下凶禮九卷
士喪禮儀注十四卷
沈約梁儀注十卷
又梁祭地祇陰陽儀注二卷
鮑泉新儀三十卷
明山賓等梁吉禮十八卷
梁吉禮儀注四卷
又十卷
梁尙書儀曹儀注十八卷
又二十卷
梁天子喪禮七卷
又五卷
梁大行皇帝皇后崩儀注一卷
梁太子妃薨凶儀注九卷
梁諸侯世子卒凶儀注九卷
梁陳大行皇帝崩儀注八卷
賀瑒等梁賓禮一卷
梁賓禮儀注十三卷
陸璉梁軍禮四卷
司馬褧梁嘉禮三十五卷
又嘉禮儀注四十五卷

陳吉禮儀注五十卷
陳雜吉儀注三十卷
陳雜儀注六卷
陳諸帝后崩儀注五卷
陳雜儀注凶儀十三卷
陳皇太后崩儀注四卷儀曹撰。
陳皇太子妃薨儀注五卷儀曹撰。
張彥陳賓禮儀注六卷
常景後魏儀注五十卷
趙彥深北齊吉禮七十二卷
北齊皇太后喪禮十卷
高熲隋吉禮五十四卷
牛弘、潘徽隋江都集禮一百二十卷
大賀鹵簿一卷
周遷古今輿服雜事十卷
蕭子雲古今輿服雜事二十卷
甲辰儀注五卷
摯虞決疑要注一卷
崔豹古今注一卷
諸王國雜儀注十卷
雜儀注一百卷
范汪雜府州郡儀十卷
又祭典三卷
何胤喪服治禮儀注九卷
何點理禮儀注九卷
冠婚儀四卷
崔皓婚儀祭儀二卷
何晏魏明帝謚議二卷
魏氏郊丘三卷
高堂隆魏臺雜訪議三卷

晉謚議八卷
晉簡文謚議四卷
孔晁等晉明堂郊社議三卷
蔡謨晉七廟議三卷
干寶雜議五卷
荀顗等晉雜議十卷
王景之要典三十九卷
王逸齊典四卷
丘仲孚皇典五卷
盧諶雜祭注六卷
盧辨祀典五卷
徐爰家儀一卷
王儉吉儀二卷
又弔答書儀十卷
皇室書儀七卷

鮑衡卿皇室書儀十三卷
謝朏書筆儀二十卷
謝允書儀二卷
唐瑾婦人書儀八卷
童悟十三卷
紀僧眞玉璽譜一卷
姚察傳國璽十卷
徐令言玉璽正錄一卷
張大頤明堂儀一卷
姚璠等明堂儀注三卷
皇太子方岳亞獻儀二卷
蕭子雲東宮雜事二十卷
陸開明、宇文愷東宮典記七十卷
令狐德棻皇帝封禪儀六卷
孟利貞封禪錄十卷

裴守眞神岳封禪儀注十卷

郭山惲大享明堂儀注二卷

親享太廟儀注三卷

裴矩、虞世南大唐書儀十卷

竇維鍌吉凶禮要二十卷

韋叔夏五禮要記三十卷

王懿中禮儀注八卷

楊炯家禮十卷

大唐儀禮一百卷長孫无忌、房玄齡、魏徵、李百藥、顏師古、令狐德棻、孔穎達、于志寧等撰。吉禮六十篇，賓禮四篇，軍禮二十篇，嘉禮四十二篇，凶禮六篇，國恤五篇，總一百三十篇。貞觀十一年上。

永徽五禮一百三十卷長孫无忌、侍中許敬宗、兼中書令李義府、黃門侍郎劉祥道、許圉師、太常卿韋琨、博士蕭楚材孔志約等撰。削國恤，以爲豫凶事非臣子所宜論次，定著二百九十九篇。顯慶三年上。

武后紫宸禮要十卷

開元禮一百五十卷開元中，通事舍人王嵒請改禮記，附唐制度，張說引嵒就集賢書院詳議。說奏：「禮記，漢代舊文，不可更，請脩貞觀、永徽五禮爲開元禮。」命賈登、張烜、施敬本、李銳、王仲丘、陸善經、洪孝昌撰緝，蕭嵩總之。

蕭嵩開元禮義鏡一百卷

開元禮京兆義羅十卷

開元禮類釋二十卷

開元禮百問二卷

顏眞卿禮樂集十卷禮儀使所定。

韋渠牟貞元新集開元後禮二十卷

柳逞唐禮纂要六卷

韋公肅禮閣新儀二十卷元和人。

王彥威元和曲臺禮三十卷

又續曲臺禮三十卷

李弘澤直禮一卷林甫孫，開成太府卿。

韋述東封記一卷

李襲譽明堂序一卷

員半千明堂新禮三卷

李嗣眞明堂新禮十卷

王涇大唐郊祀錄十卷貞元九年上，時爲太常禮院脩撰。

裴瑾崇豐二陵集禮卷亡。瑾，字封叔，光庭曾孫，元和吉州刺史。

王方慶三品官祔廟禮二卷

又古今儀集五十卷

孟詵家祭禮一卷

徐閏家祭儀一卷

范傳式寢堂時饗儀一卷

鄭正則祠享儀一卷

周元陽祭錄一卷

賈頊家薦儀一卷

盧弘宣家祭儀卷亡。

孫氏仲享儀一卷孫日用。

劉孝孫二儀實錄一卷

袁郊二儀實錄衣服名義圖一卷

又服飾變古元錄一卷字之儀，滋子也。昭宗翰林學士。

王晉使範一卷

戴至德喪服變服一卷

張戩喪儀纂要九卷

孟詵喪服正要二卷

商价喪禮極議一卷

張薦五服圖卷亡。

仲子陵五服圖十卷貞元九年上。

裴茝內外親族五服儀二卷

又書儀三卷朱儔注。茝，元和太常少卿。

葬王播儀一卷

鄭氏書儀二卷鄭餘慶。

裴度書儀二卷

杜有晉書儀二卷

右儀注類六十一家，一百部，一千四百六十七卷。失姓名三十二家，竇維鋈以下不著錄四十九家，八百九十三卷。

漢建武律令故事三卷

漢名臣奏二十九卷

廷尉決事二十卷

廷尉駁事十一卷

廷尉雜詔書二十六卷

南臺奏事二十二卷

應劭漢朝議駁三十卷

陳壽漢名臣奏事三十卷

晉駁事四卷

晉彈事九卷

賈充、杜預刑法律本二十一卷

又晉令四十卷

宗躬齊永明律八卷

蔡法度梁律二十卷

又梁令三十卷
梁科二卷
條鈔晉宋齊梁律二十卷
范泉等陳律九卷
又陳令三十卷
陳科三十卷
趙郡王叡北齊律二十卷
令八卷
麟趾格四卷文襄帝時撰。
趙肅等周律二十五卷
蘇綽大統式三卷
張斐律解二十卷
劉邵律略論五卷
高熲等隋律十二卷
牛弘等隋開皇令三十卷

隋大業律十八卷
武德律十二卷
又式十四卷
令三十一卷尙書左僕射裴寂、右僕射蕭瑀、大理卿崔善爲、給事中王敬業、中書舍人劉林甫顏師古王孝遠、涇州別駕靖延、太常丞丁孝烏、隋大理丞房軸、天策上將府參軍李桐客、太常博士徐上機等奉詔撰定。以五十三條附新律，餘無增改。武德七年上。
貞觀律十二卷
又令二十七卷
格十八卷
留司格一卷
式三十三卷中書令房玄齡、右僕射長孫无忌、蜀王府法曹參軍裴弘獻等奉詔撰定。凡律五百條，令一千五百四十六條，格七百條。以尙書省諸曹爲目，其常務留本司者，著爲留司格。

永徽律十二卷

又式十四卷

式本四卷

令三十卷

散頒天下格七卷

留本司行格十八卷太尉无忌、司空李勣、左僕射于志寧、右僕射張行成，侍中高季輔、黃門侍郎宇文節柳奭，尙書右丞段寶玄、太常少卿令狐德棻、吏部侍郎高敬言、刑部侍郎劉燕客、給事中趙文恪、中書舍人李友益、少府丞張行實、太府丞王文端、大理丞元紹、刑部郎中賈敏行等奉詔撰定。分格爲二部，以曹司常務爲「行格」，天下所共爲「散頒格」。永徽三年上。至龍朔二年，詔司刑太常伯源直心、少常伯李敬玄、司刑大夫李文禮復刪定，唯改官曹局名而已。題行格曰「留本司行格中本」，散頒格曰「天下散行格中本」。

律疏三十卷无忌、李勣、于志寧、刑部尙書唐臨、大理卿段寶玄、尙書右丞劉燕客、御史中丞賈敏行等奉詔撰，永徽四年上。

永徽留本司格後十一卷左僕射劉仁軌、右僕射戴至德、侍中張文瓘、中書令李敬玄、右庶子郝處俊、黃門侍郎來恆、左庶子高智周、右庶子李義琰、吏部侍郎裴行儉、馬載、兵部侍郎蕭德昭、裴炎、工部侍郎李義琛、刑部侍郎張楚金、金部郎中盧律師等奉詔撰，儀鳳二年上。

趙仁本法例三卷

崔知悌法例二卷

垂拱式二十卷

又格十卷

新格二卷

散頒格三卷

留司格六卷 秋官尚書裴居道、夏官尚書同鳳閣鸞臺三品岑長倩、鳳閣侍郎同鳳閣鸞臺平章事韋方質、刪定官袁智弘、咸陽尉王守慎奉詔撰。加計帳、勾帳二式。垂拱元年上新格，武后製序。

刪垂拱式二十卷

又散頒格七卷 中書令韋安石、禮部尚書同中書門下三品祝欽明、尚書右丞蘇瓌、兵部郎中狄光嗣等刪定，神龍元年上。

太極格十卷 戶部尚書同中書門下三品岑羲、中書侍郎同中書門下三品陸象先、右散騎常侍徐堅、右司郎中唐紹、刑部員外郎邵知新、大理寺丞陳義海、評事張名播、右衞長史張處斌、左衞率府倉曹參軍羅思貞、刑部主事閻義顓等刪定，太極元年上。

開元前格十卷 兵部尚書兼紫微令姚崇、黃門監盧懷

慎、紫微侍郎兼刑部尚書李乂、紫微侍郎蘇頲、舍人呂延祚、給事中魏奉古、大理評事高智靜、韓城縣丞侯郢璡、瀛州司法參軍閻義顓等奉詔刪定，開元三年上。

開元後格十卷

又令三十卷

式二十卷 吏部侍郎兼侍中宋璟、中書侍郎蘇頲、尚書左丞盧從愿、吏部侍郎裴漼、慕容珣、戶部侍郎楊滔、中書舍人劉令植、大理司直高智靜、幽州司功參軍侯郢璡等刪定，開元七年上。

格後長行敕六卷 侍中裴光庭、中書令蕭嵩等刪次，開元十九年上。

開元新格十卷

格式律令事類四十卷 中書令李林甫、侍中牛仙客、御史中丞王敬從、左武衞胄曹參軍崔晃、衞州司戶參軍直中書陳承信、酸棗尉直刑部俞元杞等刪定，開元

二十五年上。

度支長行旨五卷

王行先律令手鑑二卷

元泳式苑四卷

裴光庭唐開元格令科要一卷

元和格敕三十卷權德輿、劉伯芻等集。

元和删定制敕三十卷許孟容、韋貫之、蔣乂、柳登等集。

大和格後敕四十卷

格後敕五十卷初，前大理丞謝登纂，凡六十卷。詔刑部詳定，去其繁複。大和七年上。

狄兼謩開成詳定格十卷

大中刑法總要格後敕六十卷刑部侍郎劉瑑等纂。

張戣大中刑律統類十二卷

盧紓刑法要錄十卷裴向上之。

張伾判格三卷

李崇法鑑八卷

右刑法類二十八家，六十一部，一千四百卷。失姓名九家，自開元新格以下不著錄十三家，三百二十三卷。

劉向七略別錄二十卷

劉歆七略七卷

荀勗晉中經簿十四卷

又新撰文章家集敍五卷

丘深之晉義熙以來新集目錄三卷

王儉宋元徽元年四部書目錄四卷

今書七志七十卷賀縱補注。

阮孝緒七錄十二卷

丘賓卿梁天監四年書目四卷

劉遵梁東宮四部書目四卷

陳天嘉四部書目四卷

牛弘隋開皇四年書目四卷

王劭隋開皇二十年書目四卷

殷淳四部書目序錄三十九卷

楊松珍史目三卷

摯虞文章志四卷

宋明帝晉江左文章志二卷

沈約宋世文章志二卷

傅亮續文章志二卷

名手畫錄一卷

虞龢法書目錄六卷

羣書四錄二百卷殷踐猷、王愜、韋述、余欽、毋煚、劉彥直、王灣、王仲丘撰，元行沖上之。

毋煚古今書錄四十卷

韋述集賢書目一卷

李肇經史釋題二卷

宗諫注十三代史目十卷

常寶鼎文選著作人名目三卷

尹植文樞祕要目七卷鈔文思博要、藝文類聚爲祕要。

唐書敍例目錄一卷

孫玉汝唐列聖實錄目二十五卷

吳氏西齋書目一卷吳兢。

河南東齋史目三卷

蔣彧新集書目一卷

杜信東齋籍二十卷字立言，元和國子司業。

右目錄類十九家，二十二部，四百六卷。失姓名二家，毋煚以下不著錄十二家，一百一十四卷。

宋衷世本四卷

後魏譜二卷

世本別錄一卷

後魏方司格一卷

宋均注帝譜世本七卷

齊高氏譜六卷

王氏注世本譜二卷

周宇文氏譜一卷

漢氏帝王譜二卷

賈冠國親皇太子親傳四卷

齊永元中表簿六卷

王儉百家集譜十卷

梁大同四年表簿三卷

王僧孺百家譜三十卷

齊梁宗簿三卷

又十八州譜七百一十二卷

梁親表譜五卷

徐勉百官譜二十卷

後魏皇帝宗族譜四卷

賈執百家譜五卷

元暉業後魏辨宗錄二卷

又姓氏英賢譜一百卷

何承天姓苑十卷

賈希鏡氏族要狀十五卷

官族傳十五卷

冀州姓族譜七卷

洪州諸姓譜九卷

袁州諸姓譜七卷

司馬氏世家二卷

楊氏譜一卷

蘇氏譜一卷

孫氏譜記十五卷

韋氏譜十卷韋鼎。

裴氏家牒二十卷裴守眞。

大唐氏族志一百卷高士廉、韋挺、岑文本、令狐德棻撰。

姓氏譜二百卷許敬宗、李義府、孔志約、陽仁卿、史玄道、呂才撰。

柳沖大唐姓族系錄二百卷

路敬淳衣冠譜六十卷

又著姓略記二十卷

王元感姓氏實論十卷

崔日用姓苑略一卷

岑義氏族錄卷亡。

王方慶王氏家牒十五卷

又家譜二十卷

王氏著錄十卷

韋述開元譜二十卷

國朝宰相甲族一卷

百家類例三卷

唐新定諸家譜錄一卷李林甫等。

林寶元和姓纂十卷

竇從一系纂七卷
陳湘姓林五卷
孔至姓氏雜錄一卷
李利涉唐官姓氏記五卷初，十卷。利涉貶南方，亡其半。
又編古命氏三卷
柳璨姓氏韻略六卷
蕭穎士梁蕭史譜二十卷
柳芳永泰新譜二十卷一作皇室新譜。
柳璟續譜十卷
皇唐玉牒一百一十卷開成二年，李衢、林寶撰。
唐皇室維城錄一卷
李匡文天潢源派譜一卷
又唐偕日譜一卷
玉牒行樓一卷

皇孫郡王譜一卷
元和縣主譜一卷
家譜一卷
李衢大唐皇室新譜一卷
黃恭之孔子系葉傳二卷
謝氏家譜一卷
東萊呂氏家譜一卷
薛氏家譜一卷
顏氏家譜一卷
虞氏家譜一卷
孫氏家譜一卷
吳郡陸氏宗系譜一卷陸景獻。
劉氏譜考三卷
劉氏家史十五卷並劉子玄。
紀王愼家譜一卷

蔣王惲家譜一卷

李用休家譜二卷紀王慎之後。

徐氏譜一卷徐商。

徐義倫家譜一卷

劉晏家譜一卷

劉輿家譜一卷

周長球家譜一卷

施氏家譜二卷

萬氏譜一卷

榮陽鄭氏家譜一卷

竇氏家譜一卷懿宗時國子博士竇澄之。

鮮于氏家譜一卷

趙郡東祖李氏家譜二卷

李氏房從譜一卷

韋氏諸房略一卷韋絢。

諱行錄一卷

右譜牒類十七家，三十九部，一千六百一十七卷。王元感以下不著錄二十二家，三百三十三卷。

三輔黃圖一卷

三輔舊事三卷

漢宮閣簿三卷

洛陽宮殿簿三卷

葛洪西京雜記二卷

薛冥西京記三卷

潘岳關中記一卷
陸機洛陽記一卷
戴延之洛陽記一卷
後魏洛陽記五卷
楊佺期洛城圖一卷
鄧基、陸澄地理志一百五十卷
任昉地記二百五十二卷
虞茂區宇圖一百二十八卷
郎蔚之隋圖經集記一百卷
周地圖一百三十卷
雜記十二卷
雜地志五卷
地理志書鈔十卷
地域方丈圖一卷
地域方尺圖一卷
職方記十六卷
晉太康土地記十卷
太康州郡縣名五卷
後魏諸州記二十卷
周處風土記十卷
圈稱陳留風俗傳三卷
揚雄蜀王本記一卷
譙周三巴記一卷
李充益州記三卷
郭仲產荆州記二卷
鮑堅南雍州記三卷
阮敍之南兗州記一卷
山謙之南徐州記二卷
劉損之京口記二卷
孫處玄潤州圖注二十卷

雷次宗豫章記一卷

鄭緝之東陽記一卷

張僧監潯陽記二卷

李叔布齊州記四卷

張勃吳地記一卷

晏模齊地記二卷

陸翽鄴中記二卷

劉芳徐地錄一卷

梁元帝職貢圖一卷

又荊南地志二卷

王範交廣二州記一卷

樊文深中岳潁州志五卷

秣陵記二卷

湘州記四卷

湘州圖副記一卷

京邦記二卷

分吳會丹楊三郡記二卷

西河舊事一卷

闞駰十三州志十四卷

顧野王輿地志三十卷

又十國都城記十卷

周明帝國都城記九卷

郭璞注山海經二十三卷

又山海經圖讚二卷

山海經音二卷

桑欽水經三卷一作郭璞撰。

酈道元注水經四十卷

僧道安四海百川水源記一卷

又一卷

江圖二卷

庾仲雍江記五卷
又漢水記五卷
尋江源記五卷
劉澄之永初山川古今記二十卷
李氏宜都山川記一卷
沈瑩臨海水土異物志一卷
楊孚交州異物志一卷
陳祈暢異物志一卷
萬震南州異物志一卷
朱應扶南異物志一卷
京兆郡方物志二十卷
諸郡土俗物產記十九卷
涼州異物志二卷
廟記一卷
薛泰輿駕東幸記一卷
諸葛穎巡撫揚州記七卷
戴祚西征記二卷
郭緣生述征記二卷
姚最述行記二卷
沈懷文隨王入沔記十卷
魏聘使行記五卷
李彤聖賢冢墓記一卷
宋雲魏國以西十一國事一卷
沈懷遠南越志五卷
程士章西域道里記三卷
常駿等赤土國記二卷
王玄策中天竺國行記十卷
僧智猛游行外國傳一卷
僧法盛歷國傳二卷
日南傳一卷

林邑國記一卷

眞臘國事一卷

交州以來外國傳一卷

奉使高麗記一卷

西南蠻入朝首領記一卷

裴矩高麗風俗一卷

鄧行儼東都記三十卷貞觀著作郎。

括地志五百五十卷

又序略五卷魏王泰命著作郎蕭德言、祕書郎顧胤、記室參軍蔣亞卿、功曹參軍謝偃蘇勗撰。

長安四年十道圖十三卷

開元三年十道圖十卷

劍南地圖二卷

李播方志圖卷亡。

西域國志六十卷高宗遣使分往康國、吐火羅，訪其風俗物產，畫圖以聞。詔史官撰次，許敬宗領之，顯慶三年上。

李吉甫元和郡縣圖誌五十四卷

又十道圖十卷

古今地名三卷

删水經十卷

梁載言十道志十六卷

王方慶九嵕山志十卷

賈耽地圖十卷

又皇華四達記十卷

古今郡國縣道四夷述四十卷

關中隴右山南九州別錄六卷

貞元十道錄四卷

吐蕃黃河錄四卷

韋澳諸道山河地名要略九卷一作處分語。

劉之推、文括九州要略三卷

郡國志十卷

馬敬寔諸道行程血脈圖一卷

鄧世隆東都記三十卷

韋機東都記二十卷

韋述兩京新記五卷

兩京道里記三卷

李仁實戎州記一卷

盧鴻嵩山記一卷天寶人。

馬温鄴都故事二卷肅、代時人。

劉公銳鄴城新記三卷

張周封華陽風俗錄一卷字子望，西川節度使李德裕從事，試協律郎。

盧求成都記五卷西川節度使白敏中從事。

鄭暐益州理亂記三卷

李璋太原事迹記十四卷

張文規吳興雜錄七卷

房千里南方異物志一卷

孟琯嶺南異物志一卷

劉恂嶺表錄異三卷

余知古渚宫故事十卷文宗時人。

吳從政襄沔記三卷

張氏燕吳行役記二卷宣宗時人，失名。

韋宙零陵錄一卷

張密廬山雜記一卷

張容九江新舊錄三卷咸通人。

莫休符桂林風土記三卷

段公路北戶雜錄三卷文昌孫。

林諝閩中記十卷

裴矩又撰西域圖記三卷

顧愔新羅國記一卷大曆中，歸崇敬使新羅，愔爲從事。

張建章渤海國記三卷

戴斗諸蕃記一卷

達奚通海南諸蕃行記一卷

袁滋雲南記五卷

李繁北荒君長錄三卷

高少逸四夷朝貢錄十卷

呂述黠戛斯朝貢圖傳一卷字脩業，會昌祕書少監，商州刺史。

樊綽蠻書十卷咸通嶺南西道節度使蔡襲從事。

竇滂雲南別錄一卷

雲南行記一卷

徐雲虔南詔錄三卷乾符中人。

右地理類六十三家，一百六部，一千二百九十二卷。失姓名三十一家，李播以下不著錄五十三家，九百八十九卷。

校勘記

〔一〕李喜漢書辨惑三十卷　按舊書卷四六經籍志載漢書辯惑三十卷，李善撰，與卷一八九上李善傳合。本卷下文既有「李善漢書辨惑二十卷」，此又著「李喜漢書辨惑三十卷」，疑實爲一書，作者當是李善。

唐書卷五十九

志第四十九

藝文三

丙部子錄，其類十七：一曰儒家類，二曰道家類，三曰法家類，四曰名家類，五曰墨家類，六曰縱橫家類，七曰雜家類，八曰農家類，九曰小說類，十曰天文類，十一曰曆算類，十二曰兵書類，十三曰五行類，十四曰雜藝術類，十五曰類書類，十六曰明堂經脈類，十七曰醫術類。凡著錄六百九家，九百六十七部，一萬七千一百五十二卷；不著錄五百七家，五千六百一十五卷。

晏子春秋七卷晏嬰。

曾子二卷曾參。

子思子七卷孔伋。

公孫尼子一卷

趙岐注孟子十四卷孟軻。

劉熙注孟子七卷

鄭玄注孟子七卷

綦毋邃注孟子七卷

荀卿子十二卷荀況。

董子一卷董無心。

魯連子一卷魯仲連。

陸賈新語二卷

賈誼新書十卷

桓寬鹽鐵論十卷

劉向新序三十卷

又說苑三十卷

揚子法言六卷揚雄。

宋衷注法言十卷

李軌注法言三卷

陸績注揚子太玄經十二卷

虞翻注太玄經十四卷

范望注太玄經十二卷

宋仲子注太玄經十二卷

蔡文邵注太玄經十卷

桓子新論十七卷桓譚。

王符潛夫論十卷

仲長子昌言十卷仲長統。

荀悅申鑒五卷

魏子三卷魏朗。

魏文帝典論五卷

徐氏中論六卷徐幹。

王粲去伐論集三卷

王肅政論十卷
杜氏體論四卷杜恕。
顧子新論五卷顧譚。
文禮通語十卷殷興續。
諸葛亮集誡二卷
陸景典訓十卷
譙子法訓八卷
又五教五卷譙周。
王嬰古今通論三卷
周生烈子五卷
袁子正論二十卷
又正書二十五卷袁準。
孫氏成敗志三卷孫毓。
夏侯湛新論十卷
楊泉物理論十六卷

又太元經十四卷劉緝注。
華譚新論十卷
虞喜志林新書二十卷
又後林新書十卷
顧子義訓十卷顧夷。
蔡洪清化經十卷
干寶正言十卷
又立言十卷
蔡韶閎論二卷
呂竦要覽五卷
周捨正覽六卷
劉徽魯史攲器圖一卷
綦毋氏誡林三卷
顏氏家訓七卷顏之推。
李穆叔典言四卷

王滂百里昌言二卷

崔子至言六卷崔靈童。

盧辯墳典三十卷

王劭讀書記三十二卷

王通中說五卷

辛德源正訓二十卷

太宗序志一卷

又帝範四卷賈行注。

高宗天訓四卷

武后紫樞要錄十卷

又臣軌二卷

百寮新誡五卷

青宮紀要三十卷

少陽政範三十卷

列藩正論三十卷

章懷太子春宮要錄十卷

又脩身要覽十卷

君臣相起發事三卷

魏徵諫事五卷

又自古諸侯王善惡錄二卷

張大玄平臺百一寓言三卷

楊相如君臣政理論三卷

陸善經注孟子七卷

張鎰孟子音義三卷

楊倞注荀子二十卷汝士子，大理評事。

王涯注太玄經六卷

員俶太玄幽贊十卷開元四年京兆府童子，進書，召試及第，授散官文學，直弘文館。

柳宗元注楊子法言十三卷

李襲譽五經妙言四十卷

鄭澣經史要錄二十卷
劉貺續說苑十卷
杜正倫百行章一卷
憲宗前代君臣事跡十四篇
武后訓記雜載十卷采青宮紀要、維城典訓、古今內範、內範要略等書爲雜載云。
維城典訓二十卷
褚无量翼善記卷亡。
裴光庭搖山往則一卷
又維城前軌一卷
丁公著皇太子諸王訓十卷
六經法言二十卷韋處厚、路隋撰。
崔鄭諸經纂要十卷
于志寧諫苑二十卷
王方慶諫林二十卷
楊浚聖典三卷校書郎，開元中上。
張九齡千秋金鏡錄五卷
唐次辨謗略三卷
元和辨謗略十卷令狐楚、沈傳師、杜元穎撰。
裴潾大和新脩辨謗略三卷
李仁實格論三卷
趙冬曦王政三卷景龍二年上。
馮中庸政錄十卷開元十九年上，授汜水尉。
賈子一卷開元中藍田尉。失名。
儲光羲正論十五卷兗州人，開元進士第，又詔中書試文章，歷監察御史，安祿山反，陷賊自歸。
牛希濟理源二卷
陸賀君臣圖翼二十五卷
李吉甫古今說苑十一卷
李德裕御臣要略卷亡。

丘光庭康教論一卷

元子十卷

又浪說七篇

漫說七篇元結。

杜信元和子二卷

林愼思伸蒙子三卷咸通中人。

冀子五卷冀重，字子泉，定州容城人。廣明脩武令。

崔憼儒玄論三卷字敬之，後魏白馬侯浩七世孫，中和光祿丞。

右儒家類六十九家，九十二部，七百九十一卷。陸善經以下不著錄三十九家，三百七十一卷。

鬻子一卷鬻熊。

老子道德經二卷李耳。

又三卷

河上公注老子道德經二卷

王弼注新記玄言道德二卷

又老子指例略二卷

蜀才注老子二卷

鍾會注二卷

羊祜注二卷

又解釋四卷

孫登注老子二卷

王尙注二卷

袁眞注二卷

張憑注二卷

劉仲融注二卷

陶弘景注四卷

樹鍾山注二卷

李允愿注二卷

陳嗣古注二卷

僧惠琳注二卷

惠嚴注二卷

鳩摩羅什注二卷

義盈注二卷

程韶集注二卷

任眞子集解四卷

張道相集注四卷

盧景裕、梁曠等注二卷

安丘望之老子章句二卷

又道德經指趣三卷

王肅玄言新記道德二卷

梁曠道德經品四卷

嚴遵指歸十四卷

何晏講疏四卷

又道德問二卷

梁武帝講疏四卷

又講疏六卷

顧歡道德經義疏四卷

又義疏治綱一卷

孟智周義疏五卷

戴詵義疏六卷

葛洪老子道德經序訣二卷

韓莊玄旨八卷

劉遺民玄譜一卷

節解二卷

章門一卷
李軌老子音一卷
鶡冠子三卷
張湛注列子八卷列禦寇。
郭象注莊子十卷莊周。
向秀注二十卷
崔譔注十卷
司馬彪注二十一卷
又注音一卷
李頤集解二十卷
王玄古集解二十卷
李充釋莊子論二卷
馮廓老子指歸十三卷
又莊子古今正義十卷
梁簡文帝講疏三十卷

王穆疏十卷
又音一卷
莊子疏七卷
文子十二卷
廣成子十二卷商洛公撰，張太衡注。
唐子十卷唐滂。
蘇子七卷蘇彥。
宣子二卷宣聘。
陸子十卷陸雲。
抱朴子內篇二十卷葛洪。
孫子十二卷孫綽。
苻子三十卷苻朗。
賀子十卷賀道養。
牟子二卷牟融。
傅弈注老子二卷

楊上善注老子道德經二卷
又注莊子十卷
老子指略論二卷太子文學。
辟閭仁諝注老子二卷聖曆司禮博士。
賈大隱老子述義十卷
陸德明莊子文句義二十卷
玄宗注道德經二卷
又疏八卷天寶中加號玄通道德經，世不稱之。
盧藏用注老子二卷
又注莊子內外篇十二卷
邢南和注老子開元二十一年上。
馮朝隱注老子
白履忠注老子
李播注老子
尹知章注老子

傅弈老子音義並卷亡。
陸德明老子疏十五卷
逄行珪注鬻子一卷鄭縣尉。
陳庭玉老子疏開元二十年上，授校書郎。卷亡。
陸希聲道德經傳四卷
吳善經注道德經二卷貞元中人。
楊上善道德經三略論三卷
道士成玄英注老子道德經二卷
又開題序訣義疏七卷
注莊子三十卷
疏十二卷玄英，字子實，陝州人，隱居東海。貞觀五年，召至京師。永徽中，流郁州。書成，道王元慶遣文學賈鼎就授大義，嵩高山人李利涉爲序，唯老子注、莊子疏著錄。
張游朝南華象罔說十卷

又沖虛白馬非馬證八卷張志和父。

孫思邈注老子卷亡。

又注莊子

柳縱注莊子開元二十年上，授章懷太子廟丞。

尹知章注莊子並卷亡。

甘暉、魏包注莊子卷亡。開元末奉詔注。

元載南華通微十卷

張志和太易十五卷

又玄眞子十二卷韋詣作內解。

陳庭玉莊子疏卷亡。

道士李含光老子莊子周易學記三卷

又義略三卷含光，揚州江都人，本姓弘，避孝敬皇帝諱改焉，天寶間人。

張隱居莊子指要三十三篇名九垓，號渾淪子，代、德時人。

帥夜光三玄異義三十卷幽州人。開元二十年上，授校書郎，直國子監。

徐靈府注文子十二卷

李暹訓注文子十二卷

王士元亢倉子二卷天寶元年，詔號莊子爲南華眞經，列子爲沖虛眞經，文子爲通玄眞經，亢桑子爲洞靈眞經。然亢桑子求之不獲，襄陽處士王士元謂：「莊子作『庚桑子』，太史公、列子作『亢倉子』，其實一也。」取諸子文義類者補其亡。

无能子三卷不著人名氏，光啓中隱民間。

凡神仙三十五家，五十部，三百四十一卷。失姓名十三家，自道藏音義以下不著錄六十二家，二百六十五卷。

尹喜高士老君內傳三卷

玄景先生老子道德簡要義五卷

梁簡文帝老子私記十卷

戴詵老子西升經義一卷

韋處玄集解老子西升經二卷

老子黃庭經一卷

老子探眞經一卷

老君科律一卷

老子宣時誡一卷

老子入室經一卷

老子華蓋觀天訣一卷

老子消水經一卷

老子神策百二十條經一卷

鬼谷先生關令尹喜傳一卷四皓注。

清虛眞人王君內傳一卷

王褒三天法師張君內傳一卷

李遵茅君內傳一卷

呂先生太極左仙公葛君內傳一卷

華嶠紫陽眞人周君傳一卷

趙昇等仙人馬君陰君內傳一卷

鄭雲千清虛眞人裴君內傳一卷

范邈紫虛元君南岳夫人內傳一卷

項宗紫虛元君魏夫人內傳一卷

王羲之許先生傳一卷

九華眞妃內記一卷

宋都能嵩高少室寇天師傳三卷

王喬傳一卷

漢武帝傳二卷

劉向列仙傳二卷

葛洪神仙傳十卷

見素子洞仙傳十卷

東方朔神異經二卷張華注。

又十洲記一卷

周季通蘇君記一卷

梁曠南華仙人莊子論三十卷

南華眞人道德論三卷

任子道論十卷任嘏。

顧道士論三卷顧谷。

姖威渾輿經一卷

杜夷幽求子三十卷

張譏玄書通義十卷

陶弘景登眞隱訣二十五卷

又眞誥十卷

張湛養生要集十卷

養性傳二卷

張太衡無名子一卷

劉道人老子玄譜一卷

劉無待同光子八卷侯儼注。

靈人辛玄子自序一卷

華陽子自序一卷茅處玄。

無上祕要七十二卷

道要三十卷

馬樞學道傳二十卷

郭憲漢武帝別國洞冥記四卷

道藏音義目錄一百一十三卷崔湜、薛稷、沈佺期、道士史崇玄等撰。

集注陰符經一卷太公、范蠡、鬼谷子、張良、諸葛亮、李淳風、李筌、李洽、李鑒、李銳、楊晟。

李靖陰符機一卷

道士李少卿十異九迷論一卷

道士劉進喜老子通諸論一卷

又顯正論一卷

張果陰符經太無傳一卷

又陰符經辨命論一卷

氣訣一卷

神仙得道靈藥經一卷

罔象成名圖一卷

丹砂訣一卷開元二十二年上。

韋弘陰符經正卷一卷

李筌驪山母傳陰符玄義一卷筌，號少室山達觀子，於嵩山虎口巖石壁得黃帝陰符本，題云：「魏道士寇謙之傳諸名山。」筌至驪山，老母傳其說。

葉靜能太上北帝靈文三卷

李淳風注泰乾祕要三卷

楊上器注太上玄元皇帝聖紀十卷

崔少元老子心鏡一卷

皇天原太上老君現跡記一卷文明元年老子降事。

呂氏老子昌言二卷

王方慶神仙後傳十卷

玄晉蘇元明太清石壁記三卷乾元中，劍州司馬纂，失名。

議化胡經狀一卷萬歲通天元年，僧惠澄上言乞毀老子化胡經，敕秋官侍郎劉如璿等議狀。

寧州通眞觀二十七宿眞形圖贊一卷記天寶中，寧州羅川縣金華洞獲玉像，皆列宿之眞，唯少氐宿，改縣爲寧眞事。

道士令狐見堯正一眞人二十四治圖一卷貞

元人。
孫思邈馬陰二君內傳一卷
又太清眞人煉雲母訣二卷
攝生眞錄一卷
養生要錄一卷
氣訣一卷
燒煉祕訣一卷
龍虎通元訣一卷
龍虎亂日篇一卷
幽傳福壽論一卷
枕中素書一卷
會三教論一卷
龍虎篇一卷青羅子周希彭、少室山人孺登同注。
朱少陽道引錄三卷浮山隱士，代、德時人。
張志和玄眞子二卷
戴簡眞教元符三卷
楊嗣復九徵心戒一卷
裴煜延壽赤書一卷
紇干臮序通解錄一卷字咸一，大中江西觀察使。
守眞子秦鑑語一卷
道士張仙庭三洞瓊綱三卷
段世貴演正一炁化圖三卷
女子胡愔黃庭內景圖一卷
道士司馬承禎坐忘論一卷
又脩生養氣訣一卷
洞元靈寶五岳名山朝儀經一卷
賈參寥莊子通眞論三卷垂拱中，隱武陵。
白履忠注黃庭內景經卷亡。
又三玄精辨論一卷
吳筠神仙可學論一卷

又玄綱論三卷
明眞辨僞論一卷
輔正除邪論一卷
辨方正惑論一卷
道釋優劣論一卷
心目論一卷
復淳化論一卷
著生論一卷
形神可固論一卷
李延章集鄭綽錄中元論一卷大和人。
施肩吾辨疑論一卷睦州人，元和進士第，隱洪州西山。
道士令狐見堯玉笥山記一卷
道士李沖昭南岳小錄一卷
沈汾續神仙傳三卷
道士胡慧超神仙內傳一卷
晉洪州西山十二眞君內傳一卷
李渤眞系傳一卷
李遵茅三君內傳一卷
道士胡法超許遜脩行傳一卷
張說洪崖先生傳一卷張氳先生，唐初人。
沖虛子胡慧超傳一卷失名。慧超，高宗時道士。
潘尊師傳一卷師正。
蔡尊師傳一卷名南玉，字叔寶，宋祠部尚書廓七世孫，歷金部員外郎，棄官入道。大曆中卒。
劉谷神葉法善傳二卷
正元師謫仙崔少元傳二卷
陰日用傳仙宗行記一卷仙宗，開元資陽道士。
謝良嗣吳天師內傳一卷吳筠。
温造瞿童述一卷大曆辰溪童子瞿柏庭升仙，造爲朗州刺史，追述其事。

李堅東極眞人傳一卷果州謝自然。

江積八仙傳一卷大中後事。

王仲丘攝生纂錄一卷

高福攝生錄三卷

郭霽攝生經一卷

上官翼養生經一卷

康仲熊服內元氣訣一卷

氣經新舊服法三卷

康眞人氣訣一卷

太无先生炁訣一卷失名。大曆中，遇羅浮王公傳氣術。

菩提達磨胎息訣一卷

李林甫唐朝煉大丹感應頌一卷

崔元眞靈沙受氣用藥訣一卷

又雲母論二卷天寶隱岷山。

劉知古日月元樞一卷

海蟾子元英還金篇一卷

還陽子太還丹金虎白龍論一卷隱士，失姓名。

陳少微大洞鍊眞寶經脩伏丹砂妙訣一卷

巖靜大丹至論一卷

凡釋氏二十五家，四十部，三百九十五卷。失姓名一家，玄琬以下不著錄七十四家，九百四十一卷。

蕭子良淨注子二十卷王融頌。

僧僧祐法苑集十五卷

又弘明集十四卷

釋迦譜十卷

薩婆多師資傳四卷

虞孝敬高僧傳六卷

又內典博要三十卷

僧賢明眞言要集十卷

郭瑜脩多羅法門二十卷

駱子義經論纂要十卷

顧歡夷夏論二卷

甄鸞笑道論三卷

衞元嵩齊三教論七卷

杜乂甄正論三卷

李思愼心鏡論十卷

裴子野名僧錄十五卷

僧寶唱名僧傳二十卷

又比丘尼傳四卷

僧惠皎高僧傳十四卷

僧道宗續高僧傳三十二卷

陶弘景草堂法師傳一卷

蕭回理草堂法師傳一卷

稠禪師傳一卷

陽衒之洛陽伽藍記五卷

費長房曆代三寶記三卷長房，成都人，隋翻經學士。

僧彥琮崇正論六卷

又集沙門不拜俗議六卷

福田論一卷

道宣統略淨住子二卷

又通惑決疑錄二卷

廣弘明集三十卷

集古今佛道論衡四卷

續高僧傳二十卷起梁初，盡貞觀十九年。

後集續高僧傳十卷

東夏三寶感通錄三卷

大唐貞觀內典錄十卷

義淨大唐西域求法高僧傳二卷

法琳辯正論八卷陳子良注。

又破邪論二卷琳，姓陳氏。太史令傅弈請廢佛法，琳諍之，放死蜀中。

復禮十門辨惑論二卷永隆二年，答太子文學權無二釋典稽疑。

楊上善六趣論六卷

又三教銓衡十卷

僧玄琬佛教後代國王賞罰三寶法一卷

又安養蒼生論一卷

三德論一卷姓楊氏，新豐人。貞觀十年上。

入道方便門二卷

衆經目錄五卷

鏡諭論一卷

無礙緣起一卷

十種讀經儀一卷

無盡藏儀一卷

發戒緣起二卷

法界僧圖一卷

十不論一卷

懺悔罪法一卷

禮佛儀式二卷

李師政內德論一卷上黨人，貞觀門下典儀。

僧法雲辨量三教論三卷

又十王正業論十卷絳州人。

道宣又撰注戒本二卷

疏記四卷

注羯磨二卷
疏記四卷
行事删補律儀三卷或六卷。
釋門正行懺悔儀三卷
釋門亡物輕重儀二卷
釋門章服儀二卷
釋門歸敬儀二卷
釋門護法儀二卷
釋氏譜略二卷
聖迹見在圖贊二卷
佛化東漸圖贊二卷
釋迦方志二卷
僧彥琮大唐京寺錄傳十卷
又沙門不敬錄六卷龍朔人，并隋有二彥琮。
玄應大唐衆經音義二十五卷

玄惲敬福論十卷
又略論二卷
大小乘觀門十卷
法苑珠林集一百卷
四分律僧尼討要略五卷
金剛般若經集注三卷
百願文一卷玄惲，本名道世。
玄範注金剛般若經一卷
又注二帝三藏聖教序一卷太宗、高宗。
慧覺華嚴十地維摩纘義章十三卷 姓范氏，武德人。
行友己知沙門傳一卷序僧海順事。
道岳三藏本疏二十二卷姓孟氏，河陽人，貞觀中。
道基雜心玄章并鈔八卷
又大乘章鈔八卷姓呂氏，東平人，貞觀時。

智正華嚴疏十卷姓白氏，安喜人，貞觀中。

慧淨雜心玄文三十卷姓房，隋國子博士徽遠從子。

又俱舍論文疏三十卷

大莊嚴論文疏三十卷

法華經纘述十卷

那提大乘集議論四十卷

釋疑論一卷

注金剛般若經一卷

諸經講序一卷

玄會義源文本四卷

又時文釋鈔四卷

涅槃義章句四卷字懷默，姓席氏，安定人，貞觀中。

慧休雜心玄章鈔疏卷亡。姓樂氏，瀛州人。

靈潤涅槃義疏十三卷

又玄章三卷

遍攝大乘論義鈔十三卷

玄章三卷姓梁氏，虞鄉人。

辯相攝論疏五卷辯相，居淨影寺。

玄奘大唐西域記十二卷姓陳氏，緱氏人。

辯機西域記十二卷

清徹金陵塔寺記三十六卷

師哲前代國王脩行記五卷盡中宗時。

大唐內典錄十卷西明寺僧撰。

毋煚開元內外經錄十卷道、釋書二千五百餘部，九千五百餘卷。

智矩寶林傳十卷

法常攝論義疏八卷

又玄章五卷姓張氏，南陽人，貞觀末。

慧能金剛般若經口訣正義一卷姓盧氏，曲江人。

僧灌頂私記天台智者詞旨一卷
又義記一卷字法雲，姓吳氏，章安人。
道綽淨土論二卷姓衛氏，并州文水人。
道綽行圖一卷
智首五部區分鈔二十一卷姓皇甫氏。
法礪四分疏十卷
又羯磨疏三卷
捨懺儀一卷
輕重儀一卷姓李氏，趙郡人。
慧滿四分律疏二十卷姓梁氏，京兆長安人。
慧旻十誦私記十三卷
又僧尼行事三卷
尼衆羯磨二卷
菩薩戒義疏四卷字玄素，河東人。
空藏大乘要句三卷姓王氏，新豐人。
道宗續高僧傳三十二卷
玄宗注金剛般若經一卷
道氤御注金剛般若經疏宣演三卷
高僧嬾殘傳一卷天寶人。
元偉眞門聖胄集五卷
僧法海六祖法寶記一卷
辛崇僧伽行狀一卷
神楷維摩經疏六卷
靈湍攝山棲霞寺記一卷
破胡集一卷會昌沙汰佛法詔敕。
法藏起信論疏二卷
法琳別傳二卷
大唐京師寺錄卷亡。
玄覺永嘉集十卷慶州刺史魏靖編次。
懷海禪門規式一卷

希運傳心法要一卷裴休集。

玄嶷甄正論三卷

光瑤注僧肇論二卷

李繁玄聖蘧廬一卷

白居易八漸通眞議一卷

七科義狀一卷雲南國使段立之問，僧悟達答。

棲賢法雋一卷僧惠明與西川節度判官鄭愚、漢州刺史趙璘論佛書。

禪關八問一卷楊士達問，唐宗美對。

僧一行釋氏系錄一卷

宗密禪源諸詮集一百一卷

又起信論二卷

起信論鈔三卷

原人論一卷

圓覺經大小疏鈔各一卷

楚南般若經品頌偈一卷

又破邪論一卷大順中人。

希還參同契一卷〔一〕

良价大乘經要一卷

又激勵道俗頌偈一卷

光仁四大頌一卷

又略華嚴長者論一卷

無殷垂誡十卷

神清參元語錄十卷

智月僧美三卷

惠可達摩血脈一卷

靖邁古今譯經圖紀四卷

智昇續古今譯經圖紀一卷

又續大唐內典錄一卷

續古今佛道論衡一卷

對寒山子詩七卷天台隱士。台州刺史閭丘胤序，僧道翹集。寒山子隱唐興縣寒山巖，於國清寺與隱者拾得往還。

龐蘊詩偈三卷字道玄，衡州衡陽人，貞元初人，三百餘篇。

智閑偈頌一卷二百餘篇。

李吉甫一行傳一卷

王彥威內典目錄十二卷

右道家類一百三十七家，七十四部，一千二百四十卷。失姓名三家，玄宗以下不著錄一百五十八家，一千三百三十八卷。總一百三十七家，一百七十四部。

管子十九卷管仲。

商君書五卷商鞅。或作商子。

愼子十卷愼到撰，滕輔注。

申子三卷申不害。

韓子二十卷韓非。

晁氏新書七卷晁錯。

董仲舒春秋決獄十卷黃氏正。

崔氏政論六卷崔寔。

劉氏政論五卷劉廙。

阮子政論五卷阮武。

劉氏法論十卷劉邵。

桓氏世要論十二卷桓範。

陳子要言十四卷陳融。

李文博治道集十卷

邯鄲綽五經析疑三十卷

尹知章注管子三十卷

又注韓子卷亡。

杜佑管氏指略二卷

李敬玄正論三卷

右法家類十五家，十五部，一百六十六卷。尹知章以下不著錄三家，三十五卷。

鄧析子一卷

尹文子一卷

公孫龍子三卷

陳嗣古注公孫龍子一卷

劉邵人物志三卷

劉炳注人物志三卷

姚信士緯十卷

魏文帝士操一卷

盧毓九州人士論一卷

范謐辨名苑十卷

僧遠年兼名苑二十卷

賈大隱注公孫龍子一卷

趙武孟河西人物志十卷

杜周士廣人物志三卷

宋璲吳興人物志十卷字勝之，吳興烏程人，大中時。

右名家類十二家，十二部，五十五卷。趙武孟以下不著錄三家，二十三卷。

墨子十五卷墨翟。

隨巢子一卷

胡非子一卷

右墨家類三家，三部，一十七卷。

鬼谷子二卷蘇秦。

樂臺注鬼谷子三卷

梁元帝補闕子十卷

尹知章注鬼谷子三卷

右縱橫家類四家，四部，一十五卷。尹知章不著錄。

尉繚子六卷

尸子二十卷尸佼。

呂氏春秋二十六卷呂不韋撰，高誘注。

許慎注淮南子二十一卷淮南王劉安。

高誘注淮南子二十一卷
又淮南鴻烈音二卷
嚴尤三將軍論一卷
王充論衡三十卷
應劭風俗通義三十卷
蔣子萬機論十卷蔣濟。
杜恕篤論四卷
鍾會芻蕘論五卷
傅子一百二十卷傅玄。
張儼默記三卷
又誓論三十卷
裴玄新言五卷
蘇道立言十卷
劉欽新義十八卷
秦子三卷秦菁。

張明折言論二十卷
古訓十卷
孔衍說林五卷
抱朴子外篇二十卷葛洪。
楊偉時務論十二卷
范泰古今善言三十卷
徐益壽記聞三卷
何子五卷何楷。
劉子十卷劉勰。
梁元帝金樓子十卷
朱澹遠語麗十卷
又語對十卷
張公雜記一卷張華。
陸士衡要覽三卷
郭義恭廣志二卷

崔豹古今注三卷
伏侯古今注三卷
江邃釋文十卷
盧辯稱謂五卷
謝昊物始十卷
任昉文章始一卷張績補。
姚察續文章始一卷
庾肩吾採璧三卷〔三〕
韋道孫新略十卷
徐陵名數十卷
沈約袖中記二卷
范謐典墳數集十卷
侯亶祥瑞圖八卷
孟衆張掖郡玄石圖一卷
高堂隆張掖郡玄石圖一卷

孫柔之瑞應圖記三卷
熊理瑞應圖讚三卷
顧野王符瑞圖十卷
又祥瑞圖十卷
王劭皇隋靈感志十卷
許善心皇隋瑞文十四卷
何望之諫林十卷
虞通之善諫二卷
孟儀子林二十卷
沈約子鈔三十卷
庾仲容子鈔三十卷
殷仲堪論集九十六卷
崔宏帝王集要三十卷
陸澄述正論十三卷
又缺文十卷

徐陵文府七卷宗道寧注。
劉守敬四部言心十卷
新舊傳四卷
古今辨作錄三卷
博覽十五卷
部略十五卷
翰墨林十卷
魏徵羣書治要五十卷
麟閣詞英六十卷高宗時敕撰。
朱敬則十代興亡論十卷
薛克構子林三十卷
虞世南帝王略論五卷
劉伯莊羣書治要音五卷
張大素說林二十卷
王方慶續世說新書十卷

韓潭統載三十卷夏綏銀節度使。貞元十三年上。
熊執易化統五百卷執易類九經爲書，三十年乃成，未及上，卒於西川，武元衡將爲寫進，妻薛藏之不許。
李文成博雅志十三卷安國公輿貴子。
元懷景屬文要義十卷
崔玄暐行己要範十卷
盧藏用子書要略一卷
馬揔意林三卷
魏氏手略二十卷魏謩。
辛之諤敘訓二卷開元十七年上，授長社尉。
博聞奇要二十卷開元武功縣人徐圖上，詔試文章，留集賢院校理。
周蒙續古今注三卷
薛洪古今精義十五卷
趙蕤長短要術十卷字太賓，梓州人。開元，召之不赴。

杜佑理道要訣十卷

賀蘭正元用人權衡十卷貞元十三年上。

樊宗師魁紀公三十卷

又樊子三十卷

郭昭度治書十卷

朱朴致理書十卷

蘇源治亂集三卷唐末人。

張薦江左寓居錄卷亡。

張楚金紳誠三卷

馮伉諭蒙一卷

庾敬休諭善錄七卷

蕭佚牧宰政術二卷耒陽令。

魯人初公侯政術十卷魯人名初不著姓，大中人。

李知保檢志三卷代宗信州司倉參軍。

王範續蒙求三卷

白廷翰唐蒙求三卷廣明人。

李伉系蒙二卷

盧景亮三足記二卷

右雜家類六十四家，七十五部，一千一百三卷。失姓名六家，虞世南以下不著錄三十四家，八百一十六卷。

范子計然十五卷范蠡問，計然答。

尹都尉書三卷

氾勝之書二卷

崔寔四民月令一卷

賈思協齊民要術十卷

宗懍荆楚歲時記一卷

杜公瞻荆楚歲時記二卷

杜臺卿玉燭寶典十二卷

王氏四時錄十二卷

戴凱之竹譜一卷

顧烜錢譜一卷

浮丘公相鶴經一卷

堯須跋鷙擊錄二十卷

相馬經三卷

伯樂相馬經一卷

徐成等相馬經二卷

諸葛穎種植法七十七卷

又相馬經六十卷

甯戚相牛經一卷

范蠡養魚經一卷

禁苑實錄一卷

鷹經一卷

蠶經一卷

又二卷

相貝經一卷

武后兆人本業三卷

王方慶園庭草木疏二十一卷

孫氏千金月令三卷孫思邈。

李淳風演齊民要術卷亡。

李邕金谷園記一卷

薛登四時記二十卷

裴澄乘輿月令十二卷國子司業。貞元十一年上。

王涯月令圖一軸
李綽秦中歲時記一卷
韋行規保生月錄一卷
韓鄂四時纂要五卷
歲華紀麗二卷

右農家類十九家，二十六部，二百三十五卷。失姓名六家，王方慶以下不著錄十一家，六十六卷。

燕丹子一卷燕太子。
邯鄲淳笑林三卷
裴子野類林三卷
張華博物志十卷
又列異傳一卷
賈泉注郭子三卷郭澄之。
劉義慶世說八卷
又小說十卷
劉孝標續世說十卷
殷芸小說十卷
劉齊釋俗語八卷
蕭賁辨林二十卷
劉炫酒孝經一卷
庾元威座右方三卷
侯白啓顏錄十卷
雜語五卷

戴祚甄異傳三卷
袁王壽古異傳三卷
祖沖之述異記十卷
劉質近異錄二卷
干寶搜神記三十卷
劉之遴神錄五卷
梁元帝妍神記十卷
祖台之志怪四卷
孔氏志怪四卷
荀氏靈鬼志三卷
謝氏鬼神列傳二卷
劉義慶幽明錄三十卷
東陽无疑齊諧記七卷
吳均續齊諧記一卷
王延秀感應傳八卷
陸果繫應驗記一卷
王琰冥祥記一卷
王曼穎續冥祥記十一卷
劉泳因果記十卷
顏之推冤魂志三卷
又集靈記十卷
徵應集二卷
侯君素旌異記十五卷
唐臨冥報記二卷
李恕誡子拾遺四卷
開元御集誡子書一卷
王方慶王氏神通記十卷
狄仁傑家範一卷
盧公家範一卷盧僎。
蘇瓌中樞龜鏡一卷

姚元崇六誡一卷

事始三卷劉孝孫、房德懋。

劉睿續事始三卷

元結猗犴子一卷

趙自勔造化權輿六卷

通微子十物志一卷

吳筠兩同書一卷

李涪刊誤二卷

李匡文資暇三卷

炙轂子雜錄注解五卷王叡。

蘇鶚演義十卷

又杜陽雜編三卷字德祥，光啓中進士第。

柳氏家學要錄二卷柳珵。

盧光啓初舉子一卷字子忠，相昭宗。

劉訥言俳諧集十五卷

陳翺卓異記一卷憲、穆時人。

裴紫芝續卓異記一卷

薛用弱集異記三卷字中勝，長慶光州刺史。

李玫纂異記一卷大中時人。

李亢獨異志十卷

谷神子博異志三卷

沈如筠異物志三卷

古異記一卷

劉餗傳記三卷一作國史異纂。

牛肅紀聞十卷

陳鴻開元升平源一卷字大亮，貞元主客郎中。

張薦靈怪集二卷

陸長源辨疑志三卷

李繁說纂四卷

戴少平還魂記一卷貞元待詔。

牛僧孺玄怪錄十卷

李復言續玄怪錄五卷

陳翰異聞集十卷唐末屯田員外郎。

鄭遂洽聞記一卷

鍾簵前定錄一卷

趙自勤定命論十卷天寶祕書監。

呂道生定命錄二卷大和中，道生增趙自勤之說。

温畬續定命錄一卷

胡璩譚賓錄十卷字子溫，文、武時人。

韋絢劉公嘉話錄一卷絢，字文明，執誼子也，咸通義武軍節度使。劉公，禹錫也。

戎幕閑談一卷

趙璘因話錄六卷字澤章，大中衢州刺史。

袁郊甘澤謠一卷

温庭筠乾𦠆子三卷

又採茶錄一卷

段成式酉陽雜俎三十卷

盧陵官下記二卷

康駢劇談錄三卷字駕言，乾符進士第。

高彥休闕史三卷

盧子史錄卷亡。

又逸史三卷大中時人。

李隱大唐奇事記十卷咸通中人。

陳劭通幽記一卷

范攄雲溪友議三卷咸通時，自稱五雲溪人。

李躍嵐齋集二十五卷

尉遲樞南楚新聞三卷並唐末人。

張固幽閑鼓吹一卷

常侍言旨一卷柳珵。

盧氏雜說一卷

桂苑叢譚一卷馮翊子子休。

樹萱錄一卷

會昌解頤四卷

松牕錄一卷

芝田錄一卷

玉泉子見聞眞錄五卷

張讀宣室志十卷

柳祥瀟湘錄十卷

皇甫松醉鄉日月三卷

何自然笑林三卷

焦璐窮神祕苑十卷

裴鉶傳奇三卷高駢從事。

劉軻牛羊日曆一卷牛僧孺、楊虞卿事。檀欒子皇甫松序。

補江總白猿傳一卷

郭良輔武孝經一卷

陸羽茶經三卷

張又新煎茶水記一卷

封演續錢譜一卷

右小說家類三十九家，四十一部，三百八卷。失姓名二家，李恕以下不著錄七十八家，三百二十七卷。

趙嬰注周髀一卷

甄鸞注周髀一卷

張衡靈憲圖一卷

又渾天儀一卷

王蕃渾天象注一卷

姚信昕天論一卷

石氏星經簿讚一卷石申。

虞喜安天論一卷

甘氏四七法一卷甘德。

劉表荊州星占二卷

劉叡荊州星占二十卷

天文集占三卷

祖暅之天文錄三十卷

韓楊天文要集四十卷

高文洪天文橫圖一卷

吳雲天文雜占一卷

陳卓四方星占一卷

又五星占一卷

天文集占七卷

孫僧化等星占三十三卷

史崇十二次二十八宿星占十二卷

庾季才靈臺祕苑一百二十卷

逢行珪玄機內事七卷

論二十八宿度數一卷

五星兵法一卷

黃道略星占一卷

孝經內記星圖一卷

周易分野星國一卷

李淳風釋周髀二卷

又乙巳占十二卷

天文占一卷

大象元文一卷

乾坤祕奧七卷

法象志七卷

太白會運逆兆通代記圖一卷淳風與袁天綱集。

武密古今通占鏡三十卷

大唐開元占經一百一十卷瞿曇悉達集。

董和通乾論十五卷和，本名純，避憲宗名改。善曆算。裴胄爲荊南節度，館之，著是書云。

長慶算五星所在宿度圖一卷司天少監徐昇。

黃冠子李播天文大象賦一卷李台集解。

王希明丹元子步天歌一卷

右天文類二十家，三十部，三百六十卷。失姓名六家，李淳風天文占以下不著錄六家，一百七十五卷。

劉向九章重差一卷

徐岳九章算術九卷

又算經要用百法一卷

數術記遺一卷甄鸞注。

張丘建算經一卷甄鸞注。

董泉三等數一卷甄鸞注。

夏侯陽算經一卷甄鸞注。

甄鸞九章算經九卷

又五曹算經五卷

七曜本起曆五卷

七曜曆算二卷

曆術一卷

韓延夏侯陽算經一卷

又五曹算經五卷

宋泉之九經術疏九卷

劉徽海島算經一卷

又九章重差圖一卷

劉祐九章雜算文二卷

陰景愉七經算術通義七卷

信都芳器準三卷

黃鍾算法四十卷

劉歆三統曆一卷

四分曆一卷

推漢書律曆志術一卷

劉洪乾象曆術三卷闞澤注

乾象曆三卷

楊偉魏景初曆三卷

何承天宋元嘉曆二卷

又刻漏經一卷

虞劆梁大同曆一卷

吳伯善陳七曜曆五卷

孫僧化後魏永安曆一卷

李業興後魏甲子曆一卷

後魏武定曆一卷

宋景業北齊天保曆一卷

北齊甲子元曆一卷

王琛周大象曆二卷

馬顯周甲寅元曆一卷

周甲子元曆一卷

劉孝孫隋開皇曆一卷

又七曜雜術二卷

李德林隋開皇曆一卷

張胄玄隋大業曆一卷
又玄曆術一卷
七曜曆疏三卷
劉焯皇極曆一卷
趙敺河西壬辰元曆一卷
河西甲寅元曆一卷
劉智正曆四卷薛夏訓。
姜氏曆術三卷
崔浩律曆術一卷
曆日義統一卷
曆日吉凶注一卷
朱史刻漏經一卷
宋景刻漏經一卷
李淳風注周髀算經二卷
又注九章算術九卷
注九章算經要略一卷
注五經算術二卷
注張丘建算經三卷
注海島算經一卷
注五曹孫子等算經二十卷
注甄鸞孫子算經三卷
釋祖沖之綴術五卷
皇極曆一卷
傅仁均大唐戊寅曆一卷
唐麟德曆一卷
麟德曆出生記十卷
王孝通緝古算術四卷太史丞李淳風注。
算經表序一卷
南宮說光宅曆草十卷
瞿曇謙大唐甲子元辰曆一卷

大唐刻漏經一卷
王勃千歲曆卷亡。
謝察微算經三卷
江本一位算法二卷
陳從運得一算經七卷
魯靖新集五曹時要術三卷
邢和璞潁陽書三卷隱潁陽石堂山。
僧一行開元大衍曆一卷
又曆議十卷
曆立成十二卷
曆草二十四卷
七政長曆三卷
心機算術括一卷黄栖巖注。
寶應五紀曆四十卷
建中正元曆二十八卷
曹士蔿七曜符天曆一卷建中時人。
七曜符天人元曆三卷
龍受算法二卷貞元人。
長慶宣明曆三十四卷
長慶宣明曆要略一卷
宣明曆超捷例要略一卷
邊岡景福崇玄曆四十卷岡稱處士。
大衍通元鑑新曆三卷貞元至大中。
大唐長曆一卷
都利聿斯經二卷貞元中，都利術士李彌乾傳自西天竺，有璩公者譯其文。
陳輔聿斯四門經一卷

右曆算類三十六家，七十五部，二百三十七卷。失姓名五家，王勃以下不著錄十九家，二百二十六卷。

黃帝問玄女法三卷

黃帝用兵法訣一卷

黃帝兵法孤虛推記一卷

黃帝太一兵曆一卷

黃帝太公三宮法要訣一卷

太公陰謀三卷

又陰謀三十六用一卷

金匱二卷

六韜六卷

當敵一卷

周書陰符九卷

周呂書一卷

田穰苴司馬法三卷

魏武帝注孫子三卷

又續孫子兵法二卷

兵書接要七卷孫武。

孟氏解孫子二卷

沈友注孫子二卷

賈詡注吳子兵法一卷吳起。

吳孫子三十二壘經一卷

伍子胥兵法一卷

黃石公三略三卷

又陰謀乘斗魁剛行軍祕一卷

成氏三略訓三卷

張良經一卷
張氏七篇七卷張良。
魏文帝兵書要略十卷
宋高祖兵法要略一卷
司馬彪兵記十二卷
孔衍兵林六卷
葛洪兵法孤虛月時祕要法一卷
梁武帝兵法一卷
梁元帝玉韜十卷
劉祐金韜十卷
蕭吉金海四十七卷
陶弘景眞人水鏡十卷
握鏡三卷
王略武林一卷
許子新書軍勝十卷

樂產王佐祕書五卷
後周齊王憲兵書要略十卷
隋高祖新撰兵書三十卷
解忠鯁龍武玄兵圖二卷
新兵法二十四卷
用兵要術一卷
太一兵法一卷
兵法要訣一卷
承神兵書八卷
兵機十五卷
兵書要略十卷
用兵撮要二卷
兵春秋一卷
獸鬬亭亭一卷
玉帳經一卷

三陰圖一卷
兵法雲氣推占一卷
武德圖五兵八陣法要一卷
李靖六軍鏡三卷
員半千臨戎孝經二卷
李淳風懸鏡十卷
李筌注孫子二卷
又太白陰經十卷
青囊括一卷
杜牧注孫子三卷
陳皥注孫子一卷
賈林注孫子一卷
孫鏞注吳子一卷
裴行儉安置軍營行陣等四十六訣一卷
李嶠軍謀前鑒十卷

郭元振定遠安邊策三卷
吳兢兵家正史九卷
李處祐兵法開元中左衛中郎將，奉詔撰。卷亡。
鄭虔天寶軍防錄卷亡。
劉秩止戈記七卷
至德新議十二卷
董承祖至德元寶玉函經十卷
李光弼統軍靈轄祕策一卷一作武記。
裴守一軍誡三卷
裴子新令二卷裴緒。
韓滉天事序議一卷
韋臯開復西南夷事狀十七卷
范傳正西陲要略三卷
王公亮兵書十八卷長慶元年上。商州刺史。
行師類要七卷

燕僧利正長慶人事軍律三卷

李渤禦戎新錄二十卷

李德裕西南備邊錄十三卷

杜希全新集兵書要訣三卷

張道古兵論一卷字子美，景福進士第。

右兵書類二十三家，六十部，三百一十九卷。失姓名十四家，李筌以下不著錄二十五家，一百六十三卷。

史蘇沈思經一卷

焦氏周易林十六卷焦贛。

京氏周易四時候二卷京房。

又周易飛候六卷

周易混沌四卷

周易錯卦八卷

逆刺三卷

費氏周易逆刺占災異十二卷費直。

又周易林二卷

崔氏周易林十六卷崔篆。

鄭玄注九宮行碁經三卷

管輅周易林四卷

又鳥情逆占一卷

張滿周易林七卷

許氏周易雜占七卷許峻。

尚廣周易雜占八卷

武氏周易雜占八卷
魏伯陽周易參同契二卷
又周易五相類一卷
徐氏周易筮占二十四卷徐苗。
伏曼容周易集林十二卷
伏氏周易集林一卷
杜氏新易林占三卷
梁運周易雜占筮訣文二卷
虞翻周易集林律曆一卷
郭璞周易洞林解三卷
梁元帝連山三十卷
又洞林三卷
郭氏易腦一卷
周易立成占六卷
易林十四卷

周易新林一卷
易律曆一卷
周易服藥法一卷
易三備三卷
又三卷
易髓一卷
周易問十卷
周易雜圖序一卷
周易八卦斗內圖一卷
又三卷
周易內卦神筮法二卷
周易雜筮占四卷
老子神符易一卷
孝經元辰二卷
推元辰厄命一卷

元辰章三卷
元辰一卷
雜元辰祿命二卷
溢河祿命二卷
孫僧化六甲開天曆一卷
翼奉風角要候一卷
王琛風角六情訣一卷
又推産婦何時産法一卷
九宮行碁立成一卷
祿命書二卷
遁甲開山圖一卷
劉孝恭風角鳥情二卷
又祿命書二十卷
鳥情占一卷
風角十卷

九宮經解三卷
婚嫁書二卷
登壇經一卷
太一大游曆二卷
大游太一曆一卷
曜靈經一卷
七政曆一卷
六壬曆一卷
六壬擇非經六卷
靈寶登圖一卷
梁主榮光明符十二卷
推二十四氣曆一卷
太一曆一卷
曹氏黃帝式經三十六用一卷
玄女式經要訣一卷

董氏大龍首式經一卷
桓公式經一卷
宋琨式經一卷
六壬式經雜占九卷
雷公式經一卷
太一式經二卷
太一式經雜占十卷
黃帝式用常陽經一卷
黃帝龍首經二卷
黃帝集靈三卷
黃帝降國一卷
黃帝斗曆一卷
太史公萬歲曆一卷司馬談。
萬歲曆祠二卷
任氏千歲曆祠二卷

舉百事要略一卷
張衡黃帝飛鳥曆一卷
太一飛鳥曆一卷
太一九宮雜占十卷
九宮經三卷
堪輿曆注二卷
殷紹黃帝四序堪輿一卷
地節堪輿二卷
伍子胥遁甲文一卷
信都芳遁甲經二卷
葛洪三元遁甲圖三卷
許昉三元遁甲六卷
杜仲三元遁甲一卷
榮氏遁甲開山圖二卷
遁甲經十卷

遁甲囊中經一卷
遁甲推要一卷
遁甲祕要一卷
遁甲九星曆一卷
遁甲萬一訣三卷
三元遁甲立成圖二卷
遁甲立成法三卷
遁甲九宮八門圖一卷
遁甲三奇三卷
陽遁甲九卷
陰遁甲九卷
遁甲三元九甲立成一卷
白澤圖一卷
武王須臾二卷
師曠占書一卷

東方朔占書一卷
淮南王萬畢術一卷
樂產神樞靈轄十卷
柳彥詢龜經三卷
柳世隆龜經三卷
劉寶眞龜經一卷
王弘禮龜經一卷
莊道名龜經一卷
蕭吉五行記五卷
又五姓宅經二十卷
葬經二卷
王璨新撰陰陽書三十卷
青烏子三卷
葬經八卷
又十卷

葬書地脉經一卷
墓書五陰一卷
雜墓圖一卷
墓圖立成一卷
六甲冢名雜忌要訣二卷
郭氏五姓墓圖要訣五卷
壇中伏尸一卷
胡君玄女彈五音法相冢經一卷
百怪書一卷
祠竈經一卷
解文一卷
周宣占夢書三卷
又二卷
孫思邈龜經一卷
又五兆算經一卷

龜上五兆動摇經訣一卷
福祿論三卷
李淳風四民福祿論三卷
又玄悟經三卷
太一元鑑五卷
占燈經一卷
注鄭玄九旗飛變一卷
三元經一卷
太一樞會賦一卷玄宗注。
崔知悌産圖一卷
呂才陰陽書五十三卷
廣濟陰陽百忌曆一卷
大唐地理經十卷貞觀中上。
袁天綱相書七卷
要訣三卷

陳恭釗天寶曆二卷天寶中詔定。
趙同珍壇經一卷
黎榦蓬瀛書三卷
賈躭唐七聖曆一卷
李遠龍紀聖異曆一卷
竇維鋈廣古今五行記三十卷
濮陽夏樵子五行志五卷
祿命人元經三卷
楊龍光推計祿命厄運詩一卷
王希明太一金鏡式經十卷開元中詔撰。
僧一行天一太一經一卷
又遁甲十八局一卷
太一局遁甲經一卷
五音地理經十五卷
六壬明鏡連珠歌一卷
六壬髓經三卷
馬先天寶太一靈應式記五卷
李鼎祚連珠明鏡式經十卷開耀中上之。
蕭君靖遁甲圖開元僕寺主簿，奉詔撰。卷亡。
司馬驤遁甲符寶萬歲經國曆一卷驤與弟裕同撰。
曹士蔿金匱經三卷
馬雄絳囊經一卷雄稱居士。
李靖玉帳經一卷
李筌六壬大玉帳歌十卷
王叔政推太歲行年吉凶厄一卷
由吾公裕葬經三卷
孫季邕葬範三卷
盧重元夢書四卷開元人。
柳璨夢雋一卷

右五行類六十家，一百六十部，六百四十七卷。失姓名六十五家，袁天綱以下不著錄二十五家，一百三十二卷。

郝沖、虞譚法投壺經一卷

魏文帝皇博經一卷

大小博法二卷

大博經行碁戲法二卷

鮑宏小博經一卷

博塞經一卷

雜博戲五卷

隋煬帝二儀簿經一卷

范汪等注碁品五卷

梁武帝碁評一卷

碁勢六卷

圍碁後九品序錄一卷

竹苑仙碁圖一卷

周武帝象經一卷

何妥象經一卷

王褒象經一卷

王裕注象經一卷

今古術藝十五卷

名手畫錄一卷

李嗣眞畫後品一卷

禮圖等雜畫五十六卷

漢王元昌畫漢賢王圖

閻立德畫文成公主降蕃圖
玉華宮圖
鬬雞圖
閻立本畫秦府十八學士圖
凌煙閣功臣二十四人圖
范長壽畫風俗圖
醉道士圖
王定畫本草訓誡圖貞觀尚方令。
檀智敏畫游春戲藝圖振武校尉。
殷皦、韋无忝畫皇朝九聖圖
高祖及諸王圖
太宗自定輦上圖
開元十八學士圖開元人。
董萼畫盤車圖開元人，字重照。
曹元廓畫後周北齊梁陳隋武德貞觀永徽等

朝臣圖
高祖太宗諸子圖
秦府學士圖
凌煙圖武后左尚方令。
楊昇畫望賢宮圖
安祿山眞
張萱畫少女圖
乳母將嬰兒圖
按羯鼓圖
鞦韆圖並開元館畫直。
談皎畫武惠妃舞圖
佳麗寒食圖
佳麗伎樂圖
韓幹畫龍朔功臣圖
姚宋及安祿山圖

相馬圖
玄宗試馬圖
寧王調馬打毬圖大粱人，太府寺丞。
陳宏畫安祿山圖
玄宗馬射圖
上黨十九瑞圖永王府長史。
王象畫鹵簿圖
田琦畫洪崖子橘木圖德平子，汝南太守。
竇師綸畫內庫瑞錦對雉鬭羊翔鳳游麟圖字希言，太宗秦王府諮議、相國錄事參軍，封陵陽公。
韋鶠畫天竺胡僧渡水放牧圖鑾子。
周昉畫撲蝶、按箏、楊眞人降眞、五星等圖各一卷字景玄。
張彥遠歷代名畫記十卷
姚最續畫品一卷

裴孝源畫品錄一卷中書舍人，記貞觀、顯慶年事。
顧況畫評一卷
朱景玄唐畫斷三卷會昌人。
竇蒙畫拾遺卷亡。
吳恬畫山水錄卷亡。恬一名玢，字建康，青州人。
王琚射經一卷
張守忠射記一卷
任權弓箭論一卷
上官儀投壺經一卷
王積薪金谷園九局圖一卷開元待詔。
韋珽碁圖一卷
呂才大博經二卷
董叔經博經一卷貞元中上。
李郃骰子選格三卷字中玄，賀州刺史。

右雜藝術類十一家，二十部，一百四十二卷。失姓名八家，張彥遠以下不著錄一十六家，一百一十七卷。

何承天并合皇覽一百二十二卷

徐爰并合皇覽八十四卷

劉孝標類苑一百二十卷

劉杳壽光書苑二百卷

徐勉華林遍略六百卷

祖孝徵等脩文殿御覽三百六十卷

虞綽等長洲玉鏡二百三十八卷

諸葛穎玄門寶海一百二十卷

張氏書圖泉海七十卷

要錄六十卷

檢事書一百六十卷

帝王要覽二十卷

文思博要一千二百卷

目十二卷右僕射高士廉、左僕射房玄齡、特進魏徵、中書令楊師道、兼中書侍郎岑文本、禮部侍郎顏相時、國子司業朱子奢、博士劉伯莊、太學博士馬嘉運、給事中許敬宗、司文郎中崔行功、太常博士呂才、祕書丞李淳風、起居郎褚遂良、晉王友姚思廉、太子舍人司馬宅相等奉詔撰，貞觀十五年上。

許敬宗搖山玉彩五百卷孝敬皇帝令太子少師許敬宗、司議郎孟利貞、崇賢館學士郭瑜、顧胤、右史董思恭等撰。

累壁四百卷

又目錄四卷許敬宗等撰，龍朔元年上。

東殿新書二百卷許敬宗、李義府奉詔於武德內殿脩撰。其書自史記至晉書刪其繁辭。龍朔元年上，高宗製序。

歐陽詢藝文類聚一百卷令狐德棻、袁朗、趙弘智等同脩。

虞世南北堂書鈔一百七十三卷

張大素策府五百八十二卷

武后玄覽一百卷

三教珠英一千三百卷

目十三卷張昌宗、李嶠、崔湜、閻朝隱、徐彥伯、張說、沈佺期、宋之問、富嘉謨、喬侃、員半千、薛曜等撰。開成初改爲海內珠英，武后所改字並復舊。

孟利貞碧玉芳林四百五十卷

玉藻瓊林一百卷

王義方筆海十卷

玄宗事類一百三十卷

又初學記三十卷張說類集要事以教諸王，徐堅、韋述、余欽、施敬本、張烜、李銳、孫季良等分撰。

是光乂十九部書語類十卷開元末，自祕書省正字上，授集賢院脩撰，後賜姓齊。

劉秩政典三十五卷

杜佑通典二百卷

蘇冕會要四十卷

續會要四十卷楊紹復、裴德融、崔瑑、薛逢、鄭言、周膚敏、薛廷望、于珪、于球等撰，崔鉉監脩。

陸贄備舉文言二十卷

劉綺莊集類一百卷

高丘詞集類略三十卷

陸羽警年十卷

張仲素詞圃十卷字繪之，元和翰林學士、中書舍人。

元氏類集三百卷元稹。

白氏經史事類三十卷白居易。一名六帖。

王氏千門四十卷王洛賓。

于立政類林十卷

郭道規事鑑五十卷

馬幼昌穿楊集四卷判目。

盛均十三家貼均，字之材，泉州南安人，終昭州刺史。

以白氏六帖未備而廣之，卷亡。

竇蒙青囊書十卷國子司業。

韋稔瀛類十卷

應用類對十卷

高測韻對十卷

温庭筠學海三十卷

王博古脩文海十七卷

李途記室新書三十卷

孫翰錦繡谷五卷

張楚金翰苑七卷

皮氏鹿門家鈔九十卷皮日休，字襲美，咸通太常博士。

劉揚名戚苑纂要十卷

戚苑英華十卷袁說重脩。

右類書類十七家，二十四部，七千二百八十八卷。失姓名三家，王義方以下不著錄三十二家，一千三百三十八卷。

皇甫謐皇帝三部鍼經十二卷
張子存赤烏神鍼經一卷
黃帝鍼灸經十二卷
黃帝雜注鍼經一卷
黃帝鍼經十卷
玉匱鍼經十二卷
龍衘素鍼經并孔穴蝦蟇圖三卷
徐叔嚮鍼灸要鈔一卷
黃帝明堂經三卷
黃帝明堂三卷
楊玄注黃帝明堂經三卷
黃帝內經明堂十三卷
黃帝十二經脉明堂五藏圖一卷
曹氏黃帝十二經明堂偃側人圖十二卷

秦承祖明堂圖三卷
明堂孔穴五卷
秦越人黃帝八十一難經二卷
全元起注黃帝素問九卷
靈寶注黃帝九靈經十二卷
黃帝甲乙經十二卷
黃帝流注脉經一卷
三部四時五藏辨候診色脉經一卷
脉經十卷
又二卷
徐氏脉經訣三卷
王子顒脉經二卷
岐伯灸經一卷
雷氏灸經一卷

五藏訣一卷

五藏論一卷

賈和光鈴和子十卷

王冰注黃帝素問二十四卷

釋文一卷冰號啓元子。

楊上善注黃帝內經明堂類成十三卷

又黃帝內經太素三十卷

甄權脉經一卷

鍼經鈔三卷

鍼方一卷

明堂人形圖一卷

米遂明堂論一卷

右明堂經脉類一十六家，三十五部，二百三十一卷。失姓名十六家，甄權以下不著錄二家，七卷。

神農本草三卷

雷公集撰神農本草四卷

吳氏本草因六卷吳普。

李氏本草三卷

原平仲靈秀本草圖六卷

殷子嚴本草音義二卷

本草用藥要妙九卷

本草病源合藥節度五卷

本草要術三卷

療癰疽耳眼本草要妙五卷

桐君藥錄三卷
徐之才雷公藥對二卷
僧行智諸藥異名十卷
藥類二卷
藥目要用二卷
四時採取諸藥及合和四卷
名醫別錄三卷
吳景諸病源候論五十卷
巢氏諸病源候論五十卷巢元方。
徐嗣伯雜病論一卷
又徐氏落年方三卷
彭祖養性經一卷
張湛養生要集十卷
延年祕錄十二卷
秦承祖藥方四十卷
吳普集華氏藥方十卷華佗。
葛洪肘後救卒方六卷
梁武帝坐右方十卷
如意方十卷
陶弘景集注神農本草七卷
又効驗方十卷
補肘後救卒備急方六卷
太清玉石丹藥要集三卷
太清諸草木方集要三卷
隋煬帝敕撰四海類聚單方十六卷
王叔和張仲景藥方十五卷
又傷寒卒病論十卷
阮河南方十六卷阮炳。
尹穆纂范東陽雜藥方一百七十卷范汪。
胡居士治百病要方三卷胡洽。

徐叔嚮雜療方二十卷
又體療雜病方六卷
脚弱方八卷
解寒食方十五卷
阮河南藥方十七卷
褚澄雜藥方十二卷
陳山提雜藥方十卷
謝泰黃素方二十五卷
孝思雜湯丸散方五十七卷
謝士太删繁方十二卷
徐之才徐王八代効驗方十卷
又家祕方三卷
范世英千金方三卷
姚僧垣集驗方十卷
陳延之小品方十二卷
蘇游玄感傳屍方一卷
又太一鐵胤神丹方三卷
俞氏治小兒方四卷
俞寶小女節療方一卷
僧僧深集方三十卷
僧鸞調氣方一卷
龔慶宣劉涓子男方十卷
甘濬之療癰疽金瘡要方十四卷
甘伯齊療癰疽金瘡要方十二卷
雜藥方六卷
雜丸方一卷
名醫集驗方三卷
百病膏方十卷
雜湯方八卷
療目方五卷

寒食散方并消息節度二卷
婦人方十卷
又二十卷
少女方十卷
少女雜方二十卷
類聚方二千六百卷
種芝經九卷
芝草圖一卷
諸葛潁淮南王食經一百三十卷
音十三卷
食目十卷
盧仁宗食經三卷
崔浩食經九卷
竺暄食經四卷
又十卷
趙武四時食法一卷
太官食法一卷
太官食方十九卷
四時御食經一卷
抱朴子太清神仙服食經五卷
沖和子太清璿璣文七卷
太清神丹中經三卷
太清神仙服食經五卷
太清諸丹藥要錄四卷
京里先生金匱仙藥錄三卷
神仙服食經十二卷
神仙藥食經一卷
神仙服食方十卷
神仙服食藥方十卷
服玉法并禁忌一卷

寒食散論二卷

葛仙公録狐子方金訣二卷

狐子雜訣三卷

明月公陵陽子祕訣一卷

黃公神臨藥祕經一卷

黃白祕法一卷

又二十卷

葛氏房中祕術一卷

沖和子玉房祕訣十卷張鼎

本草二十卷

目錄一卷

藥圖二十卷

圖經七卷顯慶四年，英國公李勣、太尉長孫无忌、兼侍中辛茂將、太子賓客弘文館學士許敬宗、禮部郞中兼太子洗馬弘文館大學士孔志約、尚藥奉御許孝崇胡子

象蔣季璋、尚藥局直長藺復珪許弘直、侍御醫巢孝儉、太子藥藏監蔣季瑜吳嗣宗、丞蔣義方、太醫令蔣季琬許弘、丞蔣茂昌、太常丞呂才賈文通、太史令李淳風、潞王府參軍吳師哲、禮部主事顏仁楚、右監門府長史蘇敬等撰。

孔志約本草音義二十卷

蘇敬新脩本草二十一卷

又新脩本草圖二十六卷

本草音三卷

本草圖經七卷

甄立言一作權。本草音義七卷

又本草藥性三卷

古今錄驗方五十卷

孟詵食療本草三卷

又補養方三卷

必效方十卷
宋俠經心方十卷
崔氏纂要方十卷崔行功。
崔知悌骨蒸病灸方一卷
王方慶新本草四十一卷
又藥性要訣五卷
袖中備急要方三卷
嶺南急要方二卷
針灸服藥禁忌五卷
李含光本草音義二卷
陳藏器本草拾遺十卷開元中人。
鄭虔胡本草七卷
孫思邈千金方三十卷
又千金髓方二十卷
千金翼方三十卷

神枕方一卷
醫家要妙五卷
楊太僕醫方一卷失名。天授二年上。
衞嵩醫門金寶鑑三卷
許詠六十四問一卷
段元亮病源手鏡一卷
伏氏醫苑一卷伏適。
甘伯宗名醫傳七卷
王超仙人水鏡圖訣一卷貞觀人。
吳兢五藏論應象一卷
裴璡五藏論一卷
劉清海五藏類合賦五卷
裴王廷五色傍通五藏圖一卷
張文懿藏府通元賦一卷
段元亮五藏鏡源四卷

喻義纂療癰疽要訣一卷

瘡腫論一卷

沈泰之癰疽論二卷

青溪子萬病拾遺三卷

又消渴論一卷

脚氣論三卷

李暄嶺南脚氣論一卷

又方一卷

脚氣論一卷蘇鑒、徐玉等編集。

鄭景岫南中四時攝生論一卷

蘇游鐵粉論一卷

陳元北京要術一卷元爲太原少尹。

司空興發焰錄一卷圖父，大中時商州刺史。

青羅子道光通元祕要術三卷失姓，咸通人。

乾寧晏先生制伏草石論六卷晏封。

江承宗删繁藥詠三卷鳳翔節度要籍。

玄宗開元廣濟方五卷

劉貺眞人肘後方三卷

王燾外臺祕要方四十卷

又外臺要略十卷

德宗貞元集要廣利方五卷

陸氏集驗方十五卷陸贄。

賈躭備急單方一卷

薛弘慶兵部手集方三卷兵部尙書李絳所傳方。弘慶，大和河中少尹。

薛景晦古今集驗方十卷元和刑部郎中，貶道州刺史。

劉禹錫傳信方二卷

崔玄亮海上集驗方十卷

楊氏產乳集驗方三卷楊歸厚，元和中，自左拾遺貶鳳州司馬、虢州刺史。方九百一十一。

鄭注藥方一卷

韋氏集驗獨行方十二卷韋宙。

張文仲隨身備急方三卷

蘇越羣方祕要三卷

李繼皐南行方三卷

白仁敍唐興集驗方五卷

包會應驗方一卷

許孝宗篋中方三卷

梅崇獻方五卷

姚和衆童子祕訣三卷

又衆童延齡至寶方十卷

孫會嬰孺方十卷

邵英俊口齒論一卷

又排玉集二卷口齒方。

李昭明嵩臺集三卷

陽曄膳夫經手錄四卷

嚴龜食法十卷震之後，鎭西軍節度使譔子也。昭宗時宣慰汴寨。

右醫術類六十四家，一百二十部，四千四百四十六卷。失姓名三十八家，王方慶以下不著錄五十五家，四百八卷。

校勘記

〔一〕希還參同契一卷　宋史卷二〇五藝文志載「石頭和尚參同契一卷」。據景德傳燈錄（四部叢刊影宋本）卷一四及宋高僧傳卷九，石頭和尚，名希遷，唐僧。「希還」疑爲「希遷」之訛。

〔三〕庚肩吾採璧三卷　「璧」，各本原作「壁」。隋書卷三四經籍志、舊書卷四七經籍志及通志卷六八均作「璧」，據改。

唐書卷六十

志第五十

藝文四

丁部集錄，其類三：一曰楚辭類，二曰別集類，三曰總集類。凡著錄八百一十八家，八百五十六部，一萬一千九百二十三卷；不著錄四百八家，五千八百二十五卷。

王逸注楚辭十六卷

郭璞注楚辭十卷

楊穆楚辭九悼一卷

劉杳離騷草木蟲魚疏二卷

孟奧楚辭音一卷

徐邈楚辭音一卷

僧道騫楚辭音一卷

右楚辭類七家，七部，三十二卷。

趙荀況集二卷
楚宋玉集二卷
漢武帝集二卷
淮南王安集二卷
賈誼集二卷
枚乘集二卷
司馬遷集二卷
東方朔集二卷
董仲舒集二卷
李陵集二卷
司馬相如集二卷
孔臧集二卷

魏相集二卷
張敞集二卷
韋玄成集二卷
劉向集五卷
王褒集五卷
谷永集五卷
杜鄴集五卷
師丹集五卷
息夫躬集五卷
劉歆集五卷
揚雄集五卷
崔篆集一卷

東平王蒼集二卷
桓譚集二卷
史岑集二卷
王文山集二卷
朱勃集二卷
梁鴻集二卷
黃香集二卷
馮衍集五卷
班彪集三卷
杜篤集五卷
傅毅集五卷
班固集十卷
崔駰集十卷
賈逵集二卷
劉騊駼集二卷

崔瑗集五卷
蘇順集二卷
竇章集二卷
胡廣集二卷
高彪集二卷
王逸集二卷
桓驎集二卷
邊韶集二卷
皇甫規集五卷
張奐集二卷
朱穆集二卷
趙壹集二卷
張升集二卷
侯瑾集二卷
酈炎集二卷

盧植集二卷
劉珍集二卷
楊厚集二卷
張衡集十卷
葛龔集五卷
李固集十卷
馬融集五卷
崔琦集二卷
延篤集二卷
劉陶集二卷
荀爽集二卷
劉梁集二卷
鄭玄集二卷
蔡邕集二十卷
應劭集四卷

士孫瑞集二卷
張邵集五卷
禰衡集二卷
孔融集十卷
潘勗集二卷
阮瑀集五卷
陳琳集十卷
張紘集一卷
繁欽集十卷
楊脩集二卷
王粲集十卷
魏武帝集三十卷
文帝集十卷
明帝集十卷
高貴鄉公集二卷

陳思王集二十卷
又三十卷
華歆集三十卷
王朗集三十卷
邯鄲淳集二卷
袁渙集五卷
應瑒集二卷
徐幹集五卷
劉楨集二卷
路粹集二卷
丁儀集二卷
丁廙集二卷
劉廙集二卷
吳質集五卷
孟達集三卷

陳羣集三卷
王脩集三卷
管寧集二卷
劉邵集二卷
麋元集五卷
李康集二卷
孫該集二卷
卞蘭集二卷
傅巽集二卷
高堂隆集十卷
繆襲集五卷
殷褒集二卷
韋誕集三卷
曹羲集五卷
傅嘏集二卷

桓範集二卷
夏侯霸集二卷
鍾毓集五卷
江奉集二卷
夏侯惠集二卷
毌丘儉集二卷
王弼集五卷
呂安集二卷
王昶集五卷
王肅集五卷
何晏集十卷
應璩集十卷
杜摯集二卷
夏侯玄集二卷
程曉集二卷

阮籍集五卷
嵇康集十五卷
鍾會集十卷
蜀許靖集二卷
諸葛亮集二十四卷
吳張溫集五卷
士燮集五卷
虞翻集三卷
駱統集十卷
暨豔集二卷
謝承集四卷
姚信集十卷
陸凱集五卷
華覈集五卷
胡綜集二卷

薛瑩集二卷
薛綜集三卷
張儼集二卷
韋昭集二卷
紀隲集二卷
晉宣帝集五卷
文帝集二卷
明帝集五卷
簡文帝集五卷
齊王攸集二卷
會稽王道子集八卷
彭城王集八卷
譙王集三卷
王沈集五卷
鄭袤集二卷

應貞集五卷
嵇喜集二卷
傅玄集五十卷
成公綏集十卷
裴秀集三卷
何禎集五卷
袁準集二卷
山濤集五卷
向秀集二卷
阮沖集二卷
阮侃集五卷
羊祜集二卷
賈充集二卷
荀勗集二十卷
杜預集二十卷

王濬集二卷
皇甫謐集二卷
程咸集二卷
劉毅集二卷
庾峻集三卷
郄正集一卷
楊泉集二卷
陶濬集二卷
宣騁集三卷
曹志集二卷
鄒湛集四卷
孫毓集五卷
王渾集五卷
王深集四卷
江偉集五卷

閔鴻集二卷
裴楷集二卷
何劭集二卷
劉寔集二卷
裴頠集十卷
許孟集二卷
王祜集三卷
王濟集二卷
華頌集三卷
劉嶠集二卷
庾鯈集三卷
謝衡集二卷
傅咸集三十卷
棗據集二卷
劉寶集三卷

孫楚集十卷
王讚集二卷
夏侯湛集十卷
夏侯淳集十卷
張敏集二卷
劉許集二卷
李重集二卷
樂廣集二卷
阮渾集二卷
楊乂集三卷
張華集十卷
李虔集十卷
石崇集五卷
潘岳集十卷
潘尼集十卷

歐陽建集二卷
嵇紹集二卷
衞展集十四卷
盧播集二卷
欒肇集五卷
應亨集二卷
司馬彪集三卷
杜育集二卷
摯虞集十卷
繆徵集二卷
左思集五卷
夏侯靖集二卷
鄭豐集二卷
陳略集二卷
張翰集二卷

陸機集十五卷
陸雲集十卷
陸沖集二卷
孫極集二卷
張載集二卷
張協集二卷
束晳集五卷
華譚集二卷
曹攄集二卷
江統集十卷
胡濟集五卷
卞粹集二卷
閭丘沖集二卷
庾敳集二卷
阮瞻集二卷
阮脩集二卷
裴邈集二卷
郭象集五卷
嵇含集十卷
孫惠集十卷
蔡洪集二卷
牽秀集五卷
蔡克集二卷
索靖集二卷
閻纂集二卷
張輔集二卷
殷巨集二卷
陶佐集五卷
仲長敖集二卷
虞浦集二卷

吳商集五卷
劉弘集三卷
山簡集二卷
宗岱集三卷
王曠集五卷
王峻集二卷
棗腆集二卷
棗嵩集二卷
劉琨集十卷
盧諶集十卷
傅暢集五卷
顧榮集五卷
荀組集二卷
周顗集二卷
周嵩集三卷

王導集十卷
荀邃集二卷
王敦集五卷
謝琨集二卷
張抗集二卷
賈霖集三卷
劉隗集三卷
應詹集五卷
陶侃集二卷
王洽集三卷
張闓集三卷
卞壼集二卷
劉超集二卷
楊方集二卷
傅純集二卷

郗鑒集十卷
温嶠集十卷
孔坦集五卷
王濤集五卷
王篋集五卷
甄述集五卷
王嶠集二卷
戴邈集五卷
賀循集二十卷
張悛集二卷
應碩集二卷
陸沈集二卷
曾瓌集五卷
熊遠集五卷
郭璞集十卷

王鑒集五卷
庾亮集二十卷
虞預集十卷
顧和集五卷
范宣集十卷
張虞集五卷
庾冰集二十卷
庾翼集二十卷
何充集五卷
諸葛恢集五卷
祖台之集十五卷
李充集十四卷
蔡謨集十卷
謝艾集八卷
范汪集八卷

范甯集十五卷
阮放集五卷
王廙集十卷
王彪之集二十卷
謝安集五卷
謝万集十卷
王羲之集五卷
干寶集四卷
殷融集十卷
劉遐集五卷
殷浩集五卷
劉惔集二卷
王濛集五卷
謝尚集五卷
張憑集五卷
張望集三卷
韓康伯集五卷
王胡之集五卷
江霖集五卷
范宣集五卷
江惇集五卷
王述集五卷
郝默集五卷
黃整集十卷
王浹集二卷
王度集五卷
劉系之集五卷
劉恢集五卷
范起集五卷
殷康集五卷

孫嗣集三卷
王坦之集五卷
桓温集二十卷
郗超集十五卷
謝朗集五卷
謝玄集十卷
王珣集十卷
許詢集三卷
孫統集五卷
孫綽集十五卷
孔嚴集五卷
江逌集五卷
車灌集五卷
丁纂集二卷
曹毗集十五卷

蔡系集二卷
李顒集十卷
顧夷集五卷
袁喬集五卷
謝沈集五卷
庾闡集十卷
王隱集十卷
殷允集十卷
徐邈集八卷
殷仲堪集十卷
殷叔獻集三卷
伏滔集五卷
桓嗣集五卷
習鑿齒集五卷
鈕滔集五卷

邵毅集五卷
孫盛集十卷
袁質集二卷
袁宏集二十卷
袁邵集三卷
羅含集三卷
孫放集十五卷
辛昞集四卷
庾統集二卷
郭愔集五卷
滕輔集五卷
庾龢集二卷
庾軌集二卷
庾蒨集二卷
庾肅之集十卷

王脩集二卷
戴逵集十卷
桓玄集二十卷
殷仲文集七卷
卞湛集五卷
蘇彥集十卷
袁豹集十卷
王謐集十卷
周祗集十卷
梅陶集十卷
湛方生集十卷
劉瑾集八卷
羊徽集一卷
卞裕集十四卷
王愆期集十卷

孔璠之集二卷
王茂略集四卷
薄肅之集十卷
滕演集二卷
宋武帝集二十卷
文帝集十卷
長沙王義欣集十卷
臨川王義慶集八卷
衡陽王義季集十卷
江夏王義恭集十五卷
南平王鑠集五卷
建平王宏集十卷
又小集六卷
新渝侯義宗集十二卷
謝瞻集二卷

孔琳之集十卷
王叔之集十卷
徐廣集十五卷
孔甯子集十五卷
蔡廓集十卷
傅亮集十卷
孫康集十卷
鄭鮮之集二十卷
陶潛集二十卷
又集五卷
范泰集二十卷
王弘集二十卷
謝惠連集五卷
謝靈運集十五卷
荀昶集十四卷

孔欣集十卷
卞伯玉集五卷
王曇首集二卷
謝弘微集二卷
王韶之集二十卷
沈林子集七卷
姚濤之集二十卷
賀道養集十卷
衞令元集八卷
褚詮之集八卷
荀欽明集六卷
殷淳集三卷
劉瑀集七卷
劉緄集五卷
雷次宗集三十卷

宗炳集十五卷
伍緝之集十一卷
荀雍集十卷
袁淑集十卷
顏延之集三十卷
王微集十卷
王僧達集十卷
張暢集十四卷
何偃集八卷
沈懷文集十三卷
江智淵集十卷
謝莊集十五卷
殷琰集八卷
顏竣集十三卷
何承天集二十卷

裴松之集三十卷
卞瑾集十卷
丘淵之集六卷
顏測集十一卷
湯惠休集三卷
沈勃集十五卷
徐爰集十卷
鮑照集十卷
庾蔚之集十一卷
虞通之集五卷
劉愔集十卷
孫緬集十卷
袁伯文集十卷
袁粲集十卷
齊竟陵王集三十卷

褚淵集十五卷
王儉集六十卷
周顒集二十卷
徐孝嗣集十二卷
王融集十卷
謝朓集十卷
孔稚珪集十卷
陸厥集十卷
虞羲集十一卷
宗躬集十二卷
江奐集十一卷
張融玉海集六十卷
梁文帝集十八卷
武帝集十卷
簡文帝集八十卷

元帝集五十卷
又小集十卷
昭明太子集二十卷
邵陵王綸集四卷
武陵王紀集八卷
范雲集十二卷
江淹前集十卷
後集十卷
任昉集三十四卷
宗夬集十卷
王暕集二十卷
魏道徽集三卷
司馬褧集九卷
沈約集一百卷
又集略三十卷

傅昭集十卷
袁昂集二十卷
徐勉前集三十五卷
後集十六卷
陶弘景集三十卷
周捨集二十卷
何遜集八卷
謝琛集五卷
謝郁集五卷
王僧孺集三十卷
張率集三十卷
楊眺集十卷
鮑畿集八卷
周興嗣集十卷
蕭洽集二卷

裴子野集十四卷
庾曇隆集十卷
陸倕集二十卷
劉之遴前集十一卷
後集三十卷
虞皭集六卷
王冏集三卷
劉孝綽集十二卷
劉孝儀集二十卷
劉孝威前集十卷
後集十卷
丘遲集十卷
王錫集七卷
蕭子範集三卷
蕭子雲集二十卷

蕭子暉集十一卷
江革集十卷
吳均集二十卷
庾肩吾集十卷
王筠洗馬集十卷
又中庶子集十卷
左右集十卷
臨海集十卷
中書集十卷
尚書集十一卷
鮑泉集一卷
謝瑱集十卷
任孝恭集十卷
張纘集十卷
陸雲公集四卷

張綰集十卷
甄玄成集十卷
蕭欣集十卷
沈君攸集十二卷
後梁明帝集一卷〔一〕
後魏文帝集四十卷
高允集二十卷
宗欽集二卷
李諧集十卷
韓宗集五卷
袁躍集九卷
薛孝通集六卷
温子昇集三十五卷
盧元明集六卷
陽固集三卷
魏孝景集一卷
北齊陽休之集三十卷
邢邵集三十卷
魏收集七十卷
劉逖集四十卷
後周明帝集五十卷
趙平王集十卷
滕簡王集十二卷
宗懍集十卷
王褒集二十卷
蕭撝集十卷
庾信集二十卷
王衡集三卷
陳後主集五十五卷
沈炯前集六卷

後集十三卷
周弘正集二十卷
周弘讓集十八卷
徐陵集三十卷
張正見集四卷
陸玠集五卷
陸瑜集十卷
沈不害集十卷
張式集十三卷
褚介集十卷
顧越集二卷
顧覽集五卷
姚察集二十卷
隋煬帝集三十卷
盧思道集二十卷

李元操集二十二卷
辛德源集三十卷
李德林集十卷
牛弘集十二卷
薛道衡集三十卷
何妥集十卷
柳顧言集十卷
江總集二十卷
殷英童集三十卷
蕭慤集九卷
魏澹集四卷
尹式集五卷
諸葛穎集十四卷
王胄集十卷
虞茂世集五卷

劉興宗集三卷
李播集三卷
道士江旻集三十卷
僧曇諦集六卷
惠遠集十五卷
支遁集十卷
惠琳集五卷
曇瑗集六卷
靈裕集二卷
亡名集十卷
曹大家集二卷
鍾夫人集二卷
劉臻妻陳氏集五卷
左九嬪集一卷
臨安公主集三卷

范靖妻沈滿願集三卷
徐悱妻劉氏集六卷
太宗集四十卷
高宗集八十六卷
中宗集四十卷
睿宗集十卷
武后垂拱集一百卷
又金輪集十卷
陳叔達集十五卷
竇威集十卷
褚亮集二十卷
虞世南集三十卷
蕭瑀集一卷
沈齊家集十卷
薛收集十卷

楊師道集十卷
庾抱集十卷
孔穎達集五卷
王績集五卷
郎楚之集三卷
魏徵集二十卷
許敬宗集八十卷
于志寧集四十卷
上官儀集三十卷
李義府集四十卷
顏師古集六十卷
岑文本集六十卷
劉子翼集二十卷
殷聞禮集一卷
陸士季集十卷
劉孝孫集三十卷
鄭世翼集八卷
崔君實集十卷
李百藥集三十卷
孔紹安集五十卷
高季輔集二十卷
溫彥博集二十卷
李玄道集十卷
謝偃集十卷
沈叔安集二十卷
陸楷集十卷
曹憲集三十卷
蕭德言集二十卷
潘求仁集三卷
殷芊集三卷

蕭鈞集三十卷
袁朗集十四卷
楊續集十卷
王約集一卷
任希古集十卷
凌敬集十四卷
王德儉集十卷
徐孝德集十卷
杜之松集十卷
宋令文集十卷
陳子良集十卷
顏顗集十卷
劉穎集十卷
司馬僉集十卷
鄭秀集十二卷

耿義褒集七卷
楊元亨集五卷
劉綱集三卷
王歸一集十卷
馬周集十卷
薛元超集三十卷
高智周集五卷
褚遂良集二十卷
劉禕之集七十卷
郝處俊集十卷
崔知悌集五卷
李安期集二十卷
唐觀集五卷
張大素集十五卷
鄧玄挺集十卷

劉允濟集二十卷

駱賓王集十卷

盧照鄰集二十卷

又幽憂子三卷

楊炯盈川集三十卷

王勃集三十卷

狄仁傑集十卷

李懷遠集八卷

盧受采集二十卷

王適集二十卷

喬知之集二十卷

蘇味道集十五卷

薛耀集二十卷

郎餘慶集十卷

盧光容集二十卷

崔融集六十卷

閻鏡機集十卷

李嶠集五十卷

喬備集六卷

陳子昂集十卷

元希聲集十卷

李適集十卷

沈佺期集十卷

徐彥伯前集十卷

後集十卷

宋之問集十卷

杜審言集十卷

谷倚集十卷

富嘉謨集十卷

吳少微集十卷

劉希夷集十卷
張柬之集十卷
桓彥範集三卷
韋承慶集六十卷
閭丘均集二十卷
郭元振集二十卷
魏知古集二十卷
閻朝隱集五卷
蘇瓌集十卷
員半千集十卷
李乂集五卷
姚崇集十卷
丘悅集十卷
劉子玄集三十卷
盧藏用集三十卷

玄宗集
德宗集卷亡。
濮王泰集二十卷
上官昭容集二十卷
令狐德棻集三十卷
褚亮集二十卷
許彥伯集十卷
劉洎集十卷
來濟集三十卷
杜正倫集十卷
李敬玄集三十卷
裴行儉集二十卷
崔行功集六十卷
張文琮集二十卷
麴崇裕集二十卷

劉憲集三十卷
薛稷集三十卷
宋璟集十卷
蔣儼集五卷
趙弘智集二十卷
賀德仁集二十卷
許子儒集十卷
蔡允恭集二十卷
張昌齡集二十卷
杜易簡集二十卷
顏元孫集三十卷
姚璹集七卷
杜元志集十卷字道寧，開元考功郎中，杭州刺史。
楊仲昌集十五卷
崔液集十卷裴耀卿纂。
張說集二十卷
蘇頲集三十卷
徐堅集三十卷
元海集十卷字休則，開元臨河尉。
李邕集七十卷
王澣集十卷
張九齡集二十卷
康國安集十卷以明經高第直國子監，教授三館進士，授右典戎衞錄事參軍，太學崇文助教，遷博士，白獸門內供奉、崇文館學士。
孫逖集二十卷
趙冬曦集卷亡。
苑咸集卷亡。京兆人。開元末上書，拜司經校書、中書舍人，貶漢東郡司戶參軍，復起爲舍人、永陽太守。
毛欽一集三卷字傑，荊州長林人。

王助雕蟲集一卷

王維集十卷

康希銑集二十卷字南金，開元台州刺史。

張均集二十卷

權若訥集十卷開元梓州刺史。

白履忠集十卷

鮮于向集十卷

康玄辯集十卷字通理，開元瀘州刺史。

嚴從集三卷從卒，詔求其稾，呂向集而進焉。

陶翰集卷亡。潤州人。開元禮部員外郎。

崔國輔集卷亡。應縣令舉，授許昌令，集賢直學士、禮部員外郎。坐王鉷近親貶竟陵郡司馬。

高適集二十卷

賈至集二十卷

別十五卷蘇冕編。

張孝嵩集十卷字仲山，南陽人。開元河東節度使，南陽郡公。

儲光羲集七十卷

蘇源明前集三十卷

李白草堂集二十卷李陽冰錄。

杜甫集六十卷

小集六卷潤州刺史樊晃集。

岑參集十卷

盧象集十二卷字緯卿，左拾遺、膳部員外郎，授安祿山僞官，貶永州司戶參軍，起爲主客員外郎。

蕭穎士游梁新集三卷

又集十卷

李華前集十卷

中集二十卷

李翰前集三十卷

王昌齡集五卷

元結文編十卷

邵說集十卷

裴倩集五卷

又湓城集五卷均之父。

劉彙集三卷

樊澤集十卷

崔良佐集十卷

湯賁集十五卷字文叔，潤州丹陽人。貞元宋州刺史。

劉迥集五卷

武就集五卷元衡父。

于休烈集十卷

元載集十卷

張薦集三十卷

劉長卿集十卷字文房。至德監察御史，以檢校祠部員外郎爲轉運使判官，知淮西鄂岳轉運留後、鄂岳觀察使。吳仲孺誣奏，貶潘州南巴尉。會有爲辨之者，除睦州司馬，終隨州刺史。

戎昱集五卷衞伯玉鎭荆南從事，後爲辰州、虔州二刺史。

崔祐甫集三十卷

常袞集十卷

又詔集六十卷

楊炎集十卷

又制集十卷蘇弁編。

顏眞卿吳興集十卷

又廬陵集十卷

臨川集十卷

歸崇敬集二十卷

劉太眞集三十卷

于邵集四十卷

梁肅集二十卷

獨孤及毗陵集二十卷

竇叔向集七卷字遺直。與常袞善，袞爲相，用爲左拾遺、內供奉，及貶，亦出溧水令。

丘爲集卷亡。蘇州嘉興人，事繼母孝，嘗有靈芝生堂下。累官太子右庶子，時年八十餘，而母無恙，給俸祿之半。及居憂，觀察使韓滉以致仕官給祿所以惠養老臣，不可在喪爲異，唯罷春秋羊酒。初還鄉，縣令謁之，爲候門磬折，令坐，乃拜，里胥立庭下，既出，乃敢坐。經縣署，降馬而趨。卒年九十六。

柳渾集十卷

李泌集二十卷

張建封集二百三十篇

顧況集二十卷

鮑溶集五卷

齊抗集二十卷

鄭餘慶集五十卷

崔元翰集三十卷

楊凝集二十卷

歐陽詹集十卷

李觀集三卷陸希聲纂。

呂溫集十卷

穆員集十卷

竇常集十八卷

鄭絪集三十卷

符載集十四卷

郗純集六十卷

戴叔倫述藁十卷

張登集六卷貞元漳州刺史。

陸迅集十卷德宗時監察御史裏行。

柳冕集卷亡。

姚南仲集十卷

李吉甫集二十卷

武元衡集十卷

權德輿童蒙集十卷

又集五十卷

制集五十卷

韓愈集四十卷

柳宗元集三十卷

韋貫之集三十卷

李絳集二十卷

令狐楚漆匳集一百三十卷

又梁苑文類三卷

表奏集十卷自稱白雲孺子表奏集

韋武集十五卷

皇甫鏞集十八卷

樊宗師集二百九十一卷

武儒衡集二十五卷

又制集二十卷

李道古文興三十卷

董侹武陵集卷亡。侹，字庶中，元和荊南從事。

劉禹錫集四十卷

元氏長慶集一百卷

又小集十卷元稹。

白氏長慶集七十五卷白居易。

白行簡集二十卷

張仲方集三十卷

鄭澣集三十卷

馮宿集四十卷

劉伯芻集三十卷

段文昌集三十卷

又詔誥二十卷

韋處厚集七十卷

劉栖楚集二十卷

李翺集十卷

温造集八十卷

滕珦集卷亡。珦，東陽人。歷茂王傅，大和初以右庶子致仕，四品給券還鄉自珦始。

王起集一百二十卷

崔咸集二十卷大和人。

皇甫湜集三卷

舒元輿集一卷

李德裕會昌一品集二十卷

又姑臧集五卷

窮愁志三卷

雜賦二卷

杜牧樊川集二十卷

沈亞之集九卷

羅讓集三十卷

王涯集十卷

魏謩集十卷

秣陵子集一卷來擇，字无擇，寶曆應賢良科。

柳仲郢集二十卷

陳商集十七卷

歐陽衮集二卷衮，福州閩縣人，歷侍御史。

温庭筠握蘭集三卷

又金荃集十卷

詩集五卷

漢南眞稾十卷

陳陶文錄十卷

劉蛻文泉子十卷字復愚，咸通中書舍人。

鄭畋玉堂集五卷

又鳳池藁草三十卷

續鳳池藁草三十卷

孫樵經緯集三卷字可之，大中進士第。

周愼辭寧蘇集五卷字若訥，咸通進士第。

皮日休集十卷

又胥臺集七卷

文藪十卷

詩一卷

陸龜蒙笠澤叢書三卷

又詩編十卷

賦六卷

楊夔集五卷

又冗書十卷

冗餘集一卷

沈栖遠景臺編十卷字子鸞，咸通進士第。

鄭諴集卷亡。字中虞，福州閩縣人。大中國子司業，郢、安二州刺史，江西節度副使。

司空圖一鳴集三十卷

陸扆集七卷

秦韜玉投知小錄三卷字中明，田令孜神策判官、工部侍郎。

鄭賓集十卷字貢華，乾符進士第。

袁皓碧池書三十卷袁州宜春人。龍紀集賢殿圖書使，自稱碧池處士。

鄭氏貽孫集四卷

養素先生遺榮集三卷皆唐末人。

張玄晏集二卷字寅節，昭宗翰林學士。

齊夔集一卷

黃璞霧居子十卷

譚正夫集一卷

丘光庭集三卷

張安石涪江集一卷

張友正雜編一卷

沈光集五卷題曰雲夢子。

程晏集七卷字晏然，乾寧進士第。

沈顏聲書十卷

李善夷江南集十卷

劉綺莊集十卷

王秉集五卷

孫子文纂四十卷

又孫氏小集三卷孫郃，字希韓，乾寧進士第。

陳黯集三卷字希儒，泉州南安人，昭宗時。

羅袞集二卷字子制，天祐起居郎。

李嶠雜詠詩十二卷

劉希夷詩集四卷

崔顥詩一卷汴州人，才俊無行，娶妻不恆即去之者三四，歷司勳員外郎。

綦毋潛詩一卷字孝通。開元中，繇宜壽尉入集賢院待制，遷右拾遺，終著作郎。

祖詠詩一卷

李頎詩一卷並開元進士第。

孟浩然詩集三卷弟洗然。宜城王士源所次，皆三卷也。士源別爲七類。

包融詩一卷潤州延陵人。歷大理司直。二子何、佶齊名，世稱「二包」。何，字幼嗣，大曆起居舍人。融與儲光羲皆延陵人；曲阿有餘杭尉丁仙芝、緱氏主簿蔡隱丘、監察御史蔡希周、渭南尉蔡希寂、處士張彥雄張潮、校書郎張暈、吏部常選周瑀、長洲尉談戭，句容有忠王府倉曹參軍殷遙、硤石主簿樊光、橫陽主簿沈如筠，江寧有右拾遺孫處玄、處士徐延壽，丹徒有江都主簿馬挺、武進尉申堂構，十八人皆有詩名。殷璠彙次其詩，爲丹楊集者。

皇甫冉詩集三卷字茂政，潤州丹楊人，祕書少監、集賢院脩撰彬姪也。天寶末無錫尉，避難居陽羨，後爲左金吾衞兵曹參軍、左補闕，與弟曾齊名。曾，字孝常，歷侍御史，坐事貶徙舒州司馬，陽翟令。

嚴維詩一卷字正文，越州人，祕書郎。

張繼詩一卷字懿孫，襄州人。大曆末，檢校祠部員外郎，分掌財賦於洪州。

李嘉祐詩一卷別名從一，袁州、台州二刺史。

郎士元詩一卷字君冑，中山人。寶應元年，選畿縣官，詔試中書，補渭南尉，歷拾遺、郢州刺史。

張南史詩一卷字季直，幽州人。以試參軍避亂居揚州楊子，再召之，未赴，卒。

暢當詩二卷

鄭常詩一卷

蘇渙詩一卷渙少喜剽盜，善用白弩，巴蜀商人苦之，號白跖，以比莊蹻。後折節讀書，進士及第。湖南崔瓘辟從事，瓘遇害，渙走交廣，與哥舒晃反，伏誅。

朱灣詩集四卷李勉永平從事。

吉中孚詩一卷楚州人，始爲道士，後官校書郎，登宏辭，諫議大夫、翰林學士、戶部侍郎，判度支。貞元初卒。

朱放詩一卷字長通，襄州人，隱居剡溪。嗣曹王皋鎭江西，辟節度參謀，貞元初召爲拾遺，不就。

劉方平詩一卷河南人，與元魯山善，不仕。

常建詩一卷肅、代時人。

麴信陵詩一卷

章八元詩一卷睦州人，大曆進士第。
秦系詩一卷
陳詡集十卷字載物，福州閩縣人。貞元戶部郎中，知制誥。
錢起詩一卷
李端詩集三卷
韓翃詩集五卷
司空曙詩集二卷
盧綸詩集十卷
耿湋詩集二卷
崔峒詩一卷
韋應物詩集十卷
許經邦詩集一卷建中右武衞胄曹參軍。
韋渠牟詩集十卷諫議大夫時集。
劉商詩集十卷貞元比部郎中。

王建集十卷大和陝州司馬。
張碧謌行集二卷貞元人。
雍裕之詩一卷
楊巨源詩一卷字景山，大和河中少尹。
孟郊詩集十卷
張籍詩集七卷
李涉詩一卷
李賀集五卷
李紳追昔遊詩三卷
又批答一卷
章孝標詩一卷
殷堯藩詩一卷元和進士第。
李敬方詩一卷字中虔，大和歙州刺史。
玉川子詩一卷盧仝。
裴夷直詩一卷

施肩吾詩集十卷

姚合詩集十卷

韓琮詩一卷字成封，大中湖南觀察使。

李商隱樊南甲集二十卷

乙集二十卷

玉溪生詩三卷

又賦一卷

文一卷

賈島長江集十卷

又小集三卷

張祜詩一卷字承吉，爲處士，大中中卒。

許渾丁卯集二卷字用晦，圉師之後，大中睦州、郢州二刺史。

李遠詩集一卷字求古，大中建州刺史。

雍陶詩集十卷字國鈞，大中八年自國子毛詩博士出爲簡州刺史。

朱慶餘詩一卷名可久，以字行。寶曆進士第。

喩鳧詩一卷開成進士第，烏程令。

馬戴詩一卷字虞臣，會昌進士第。

李羣玉詩三卷

後集五卷字文山，澧州人。裴休觀察湖南，厚延致之，及爲相，以詩論薦，授校書郎。

崔櫓無譏集四卷

郁渾百篇集一卷渾常應百篇舉，壽州刺史李紳命百題試之。

姚鵠詩一卷字居雲，會昌進士第。

項斯詩一卷字子遷，江東人，會昌丹徒尉。

孟遲詩一卷字遲之，會昌進士第。

顧非熊詩一卷況之子，大中盱眙簿，棄官隱茅山。

章碣詩一卷

趙嘏渭南集三卷

又編年詩二卷字承祐，大中渭南尉。

薛逢詩集十卷

又別紙十三卷

賦集十四卷

于武陵詩一卷

李頻詩一卷

李郢詩一卷字楚望，大中進士第，侍御史。

曹鄴詩三卷字鄴之，大中進士第，洋州刺史。

劉滄詩一卷字蘊靈。

崔珏詩一卷字夢之，並大中進士第。

劉得仁詩一卷

高蟾詩一卷乾寧御史中丞。

高駢詩一卷

薛能詩集十卷

又繁城集一卷

陸希聲頤山詩一卷

鄭嵎津陽門詩一卷

于濆詩一卷字子漪。

許棠詩一卷字文化。

公乘億詩一卷字壽山，並咸通進士第。

聶夷中詩二卷字坦之，咸通華陰尉。

于鄴詩一卷

于鵠詩一卷

鄭谷雲臺編三卷

又宜陽集三卷字守愚，袁州人，爲右拾遺。乾寧中，以都官郎中卒于家。

朱朴詩四卷

又雜表一卷

玄英先生詩集十卷方干。

李洞詩一卷

吳融詩集四卷

又制誥一卷

韓偓詩一卷

又香奩集一卷

曹唐詩三卷字堯賓。

周賀詩一卷

劉干詩一卷

崔塗詩一卷字禮山，光啓進士第。

唐彥謙詩集三卷

張喬詩集二卷

王駕詩集六卷字大用。

吳仁璧詩一卷字廷實，並大順進士第。

王貞白詩一卷字有道。

張蠙詩集二卷字象文。

翁承贊詩一卷字文堯。

褚載詩三卷字厚之，並乾寧進士第。

王轂詩集三卷字虛中，乾寧進士第，郎官致仕。

曹松詩集三卷字夢徵，天復進士第，校書郎。

羅鄴詩一卷

趙摶歌詩二卷

周朴詩二卷朴稱處士。

朱景元詩一卷

崔道融申唐詩三卷

陳光詩一卷

王德輿詩一卷

湯緒潛陽雜題詩三卷

韋靄詩一卷

張爲詩一卷

羅浩源詩一卷

薛瑩洞庭詩集一卷
謝蟠隱雜感詩二卷
譚藏用詩一卷
劉言史謌詩六卷
黃滔集十五卷字文江，光化四門博士。
鄭良士白巖集十卷字君夢。昭宗時獻詩五百篇，授補闕。
嚴郾詩二卷
劉威詩一卷
鄭雲叟詩集三卷
來鵬詩一卷
陸元皓詠劉子詩三卷
任翻詩一卷
李山甫詩一卷
道士吳筠集十卷

僧惠賾集八卷姓李，江陵人。
僧玄範集二十卷
僧法琳集三十卷
僧靈徹詩集十卷姓湯，字源澄，越州人。
皎然詩集十卷字清晝，姓謝，湖州人，靈運十世孫，居杼山。顏眞卿爲刺史，集文士撰韻海鏡源，預其論著。貞元中，集賢御書院取其集以藏之，刺史于頔爲序。
盧獻卿愍征賦一卷
謝觀賦八卷
盧肇海潮賦一卷
又通屈賦一卷
汪林絢大統賦二卷字子發，袁州人。咸通歙州刺史。
高邁賦一卷
皇甫松大隱賦一卷

崔葆數賦十卷乾寧進士，王克昭注。

宋言賦一卷字表文。

陳汀賦一卷字用濟，並大中進士第。

樂朋龜綸閣集十卷

又德門集五卷

賦一卷字兆吉，僖宗翰林學士，太子少保致仕。

蔣凝賦三卷字仲山，咸通進士第。

公乘億賦集十二卷

林嵩賦一卷字降臣，乾符進士第。

王翃賦一卷字雄飛，大順進士第。

賈嵩賦三卷

李山甫賦二卷

陸贄論議表疏集十二卷

又翰苑集十卷韋處厚纂。

王仲舒制集十卷

李虞仲制集四卷

封敖翰稾八卷

崔嘏制誥集十卷字乾錫，邢州刺史。會劉稹反，歸朝，授考功郎中、中書舍人。李德裕之謫，嘏草制不盡書其過，貶端州刺史。

獨孤霖玉堂集二十卷

劉崇望中和制集十卷

李磎制集四卷

錢珝舟中錄二十卷

薛延珪鳳閣書詞十卷

郭元振九諫書一卷

李絳論事集三卷蔣偕集。

李磎表疏一卷

張濬表狀一卷

臨淮尺題二卷武元衡西川從事撰。

李程表狀一卷

劉三復表狀十卷

問遺雜錄三卷

趙璘表狀集一卷

張次宗集六卷

呂述東平小集三卷

段全緯集二十卷

劉鄴甘棠集三卷

王虬集十卷字希龍，泉州南安人。大順初舉進士第。

崔致遠四六一卷

又桂苑筆耕二十卷高麗人，賓貢及第，高駢淮南從事。

顧氏編遺十卷

苕川總載十卷

纂新文苑十卷

啓事一卷

賦二卷

集遺具錄十卷顧雲，字垂象，池州人。虞部郎中，高駢淮南從事。

鄭準渚宮集一卷字不欺，乾寧進士第。

李巨川四六集二卷韓建華州從事。

胡曾安定集十卷

陳蟠隱集五卷

張澤飲河集十五卷

黃台江西表狀二卷鍾傳從事。

太宗凌煙閣功臣讚一卷

崔融寶圖贊一卷王起注。

盧鋋武成王廟十哲讚一卷

李靖霸國箴一卷

魏徵時務策五卷

郭元振安邦策一卷

劉蕡策一卷

王勃舟中纂序五卷

才命論一卷張鷟撰，郗昂注。一作張說撰，潘詢注。

杜元穎五題一卷

李甘文一卷

南卓文一卷

劉軻文一卷

陸鸞文一卷字離祥，咸通進士第。

吳武陵書一卷

夏侯韞大中年與涼州書一卷

駱賓王百道判集一卷

張文成龍筋鳳髓十卷

崔銳判一卷大曆人。

鄭寬百道判一卷元和拔萃。

右別集類七百三十六家，七百五十部，七千六百六十八卷。失姓名一家，玄宗以下不著錄四百六家，五千一十二卷。

摯虞文章流別集三十卷

杜預善文四十九卷

謝沈名文集四十卷

孔逭文苑一百卷

梁昭明太子文選三十卷

又古今詩苑英華二十卷

蕭該文選音十卷
僧道淹文選音義十卷
小辭林五十三卷
集古今帝王正位文章九十卷
蕭圓文海集三十六卷
康明貞辭苑麗則二十卷
庾自直類文三百七十七卷
宋明帝賦集四十卷
皇帝瑞應頌集十卷
五都賦五卷
卞鑠獻賦集十卷
司馬相如上林賦一卷
曹大家注班固幽通賦一卷
項岱注幽通賦一卷
張衡二京賦二卷
薛綜二京賦音二卷
三都賦三卷
左太沖齊都賦一卷
李軌齊都賦音一卷
褚令之百賦音一卷
郭徵之賦音二卷
綦毋邃三京賦音一卷
木連理頌二卷
李嵩靖恭堂頌一卷
諸郡碑一百六十六卷
雜碑文集二十卷
殷仲堪雜論九十五卷
劉楷設論集三卷
謝靈運設論集五卷
又連珠集五卷

梁武帝制旨連珠四卷
陸緬注制旨連珠十一卷
謝莊讚集五卷
張湛古今箴銘集十三卷
衆賢誡集十五卷
雜誡箴二十四卷
李德林霸朝雜集五卷
王履書集八十卷
夏赤松書林六卷
山濤啓事十卷
梁中書表集二百五十卷
薦文集七卷
宋元嘉策五卷
又元嘉宴會游山詩集五卷
宋伯宜策集六卷
卞氏七林集十二卷
顏之推七悟集一卷
袁淑俳諧文十五卷
顏竣婦人詩集二卷
殷淳婦人集三十卷
江邃文釋十卷
干寶百志詩集五卷
崔光百國詩集二十九卷
應璩百一詩八卷
李夔百一詩集二卷
晉元正宴會詩集四卷伏滔、袁豹、謝靈運集。
顏延之元嘉西池宴會詩集三卷
清溪集三十卷齊武帝敕撰。
齊釋奠會詩集二十卷
徐伯陽文會詩集四卷

文林詩府六卷北齊後主作。
蕭淑西府新文十卷
新文要集十卷
宋明帝詩集新撰三十卷
詩集二十卷
謝靈運詩集五十卷
又詩集鈔十卷
詩英十卷
回文詩集一卷
七集十卷
劉和詩集二十卷
顏竣詩集一百卷
許凌六代詩集鈔四卷
詩林英選十一卷
虞綽等類集一百一十三卷
詩纘十二卷
詩錄二十卷
文苑詞英八卷
徐陵六代詩集鈔四卷
又玉臺新詠十卷
謝混集苑六十卷
宋臨川王義慶集林二百卷
丘遲集鈔四十卷
李善注文選六十卷
公孫羅注文選六十卷
又音義十卷
劉允濟金門待詔集十卷
文館辭林一千卷許敬宗、劉伯莊等撰。
麗正文苑二十卷
芳林要覽三百卷許敬宗、顧胤、許圉師、上官儀、楊思儉、孟利貞、姚璹、竇德玄、郭瑜、董思恭、元思敬集。

僧惠淨續古今詩苑英華集二十卷

劉孝孫古今類聚詩苑三十卷

郭瑜古今詩類聚七十九卷

歌錄集八卷

李淳風注顏之推稽聖賦一卷

張庭芳注庾信哀江南賦一卷

崔令欽注一卷

竇嚴東漢文類三十卷

李善文選辨惑十卷

五臣注文選三十卷衢州常山尉呂延濟、都水使者劉承祖男良、處士張銑呂向李周翰注，開元六年，工部侍郎呂延祚上之。

曹憲文選音義卷亡。

康國安注駁文選異義二十卷

許淹文選音十卷

孟利貞續文選十三卷

崔玄暐訓注文館詞林策二十卷

康顯辭苑麗則三十卷

又海藏連珠三十卷希銑之兄，脩書學士。

卜長福續文選三十卷開元十七年上，授富陽尉。

卜隱之擬文選三十卷開元處士。

朝英集三卷開元中張孝嵩出塞，張九齡、韓休、崔沔、王翰、胡皓、賀知章所撰送行歌詩。

張楚金翰苑三十卷

王方慶王氏神道銘二十卷

徐堅文府二十卷開元中，詔張說括文選外文章，乃命堅與賀知章、趙冬曦分討，會詔促之，堅乃先集詩賦二韻爲文府上之。餘不能就而罷。

裴潾大和通選三十卷

李康玉臺後集十卷

元思敬詩人秀句二卷

孫季良正聲集三卷

珠英學士集五卷崔融集武后時脩三教珠英學士李嶠、張說等詩。

搜玉集十卷

曹恩起予集五卷大曆人。

元結篋中集一卷

奇章集四卷

劉明素麗文集五卷興元中集。

李吉甫古今文集略二十卷

又國朝哀策文四卷

梁大同古銘記一卷

麗則集五卷

類表五十卷亦名表啓集。

柳宗直西漢文類四十卷

柳玄同題集十卷

竇常南薰集三卷

殷璠丹楊集一卷

又河岳英靈集二卷

王起文場秀句一卷

姚合極玄集一卷

高仲武中興間氣集二卷

李戡唐詩三卷

顧陶唐詩類選二十卷大中校書郎。

劉餗樂府古題解一卷

李氏花萼集二十卷李乂、尙一、尙貞。

韋氏兄弟集二十卷韋會、弟弼。

竇氏聯珠集五卷竇羣、常、牟、庠、鞏。

集賢院壁記詩二卷

翰林歌詞一卷

大曆年浙東聯唱集二卷

斷金集一卷李逢吉、令狐楚唱和。

元白繼和集一卷元稹、白居易。

三州唱和集一卷元稹、白居易、崔玄亮。

劉白唱和集三卷劉禹錫、白居易。

汝洛集一卷裴度、劉禹錫唱和。

洛中集七卷

彭陽唱和集三卷令狐楚、劉禹錫。

吳蜀集一卷劉禹錫、李德裕唱和。

裴均壽陽唱詠集十卷

又渚宮唱和集二十卷

峴山唱詠集八卷

荊潭唱和集一卷

盛山唱和集一卷

荊夔唱和集一卷

僧廣宣與令狐楚唱和一卷

名公唱和集二十二卷

漢上題襟集十卷段成式、溫庭筠、余知古。

袁皓集道林寺詩二卷

松陵集十卷皮日休、陸龜蒙唱和。

廖氏家集一卷廖光圖，唐末人。

盧瓌杼情集二卷

孟啓本事詩一卷

劉松宜陽集六卷松，字穉美，袁州人。集其州天寶以後詩四百七十篇。

蔡省風瑤池新詠二卷集婦人詩。

僧靈徹詶唱集十卷大曆至元和中名人。

吳兢唐名臣奏十卷

馬摠奏議集三十卷

臧嘉猷羽書三卷處士。

沈常總戎集三十卷

唐稟貞觀新書三十卷稟，袁州萍鄉人。集貞觀以前文章。

黃滔泉山秀句集三十卷編閩人詩，自武德盡天祐末。

周仁瞻古今類聚策苑十四卷

五子策林十卷集許南容而下五人策問。

元和制策三卷元稹、獨孤郁、白居易。

李太華掌記略十五卷

新掌記略九卷

林逢續掌記略十卷

凡文史類四家，四部，十八卷。劉子玄以下不著錄二十二家，二十三部，一百七十九卷。

李充翰林論三卷

劉勰文心雕龍十卷

顏竣詩例錄二卷

鍾嶸詩評三卷

劉子玄史通二十卷

柳氏釋史十卷柳璨。一作史通析微。

劉餗史例三卷

沂公史例十卷田弘正客撰。

裴傑史漢異義三卷河南人，開元十七年上，授臨濮尉。

李嗣眞詩品一卷

元兢宋約詩格一卷

王昌齡詩格二卷

晝公詩式五卷

詩評三卷僧皎然。

王起大中新行詩格一卷

姚合詩例一卷

賈島詩格一卷

炙轂子詩格一卷

元兢古今詩人秀句二卷

李洞集賈島句圖一卷

張仲素賦樞三卷

范傳正賦訣一卷

浩虛舟賦門一卷

倪宥文章龜鑑一卷

劉蘧應求類二卷

孫郃文格二卷

右總集類七十五家，九十九部，四千二百二十三卷。李淳風以下不著錄七十八家，八百一十三卷。總七十九家，一百七部。

校勘記

〔一〕後梁明帝集一卷　舊書卷四七經籍志作「後魏明帝集一卷」。